U0133355

Parenting
with
Love and
Wisdom

这样爱你
刚刚好，
我的高三孩子

朱永新　孙云晓　孙宏艳　主编

蓝玫　副主编　　杨卓姝　本册作者

湖南教育出版社

编 委 会

把幸福还给家庭（代序）

　　父母的教育素养，直接影响甚至决定着孩子的发展。

　　在教育中，家庭是成长之源。一个人的一生有四个重要的生命场：母亲的子宫、家庭、学校和职场。其他三个场所随着时间改变，家庭却始终占据一半的分量，是最重要的场所。孩子的成长，最初是从家庭生活中得到物质和精神的滋养。人生从家庭出发，最后还是回到家庭。

　　在家庭教育中，父母的成长是孩子成长的前提。家庭教育不只是简单的教育孩子，更是父母的自我教育。没有父母的成长，永远不可能有孩子的成长。与孩子一起成长，才是家庭教育最美丽的风景，才是父母最美好的人生姿态！抚养孩子并不仅仅是父母的任务，也是父母精神生命的第二次发育。对孩子的抚育过程，是父母自身成长历程的一种折射。如果父母能够用心梳理孩子的教育问题，就能回顾和化解自己成长中出现的问题，就能实现精神生命的第二次发育，再次生长。

　　过一种幸福完整的教育生活，是家庭教育的根本朝向。"幸福"不仅仅是教育的目标，更是人类的终极目标。幸福教育是幸福人生的基础。新教育实验的理想，就是让人们快乐、自主地学习，真正地享受学习生活，发现自己的天赋与潜能，在和伟大事物遭遇的过程中发现自我、成就自我。教育本来就是增进幸福的重要途径。挑战未知，合作学习，应该是非常幸福的。所以，家庭应

1

高三，父母与孩子一起砥砺前行

1. 趋于成熟的高三孩子

　　高三（7）班的锐志身高 182 厘米，比爸爸整整高了 10 厘米。刻意蓄起的短胡须让他看起来多了几分成熟，乍一看就像个大学生，但是那张仍显得青涩的脸和那身蓝色的校服还是暴露了他的实际年龄。

　　锐志对自己的未来有很明确的想法——做一名汽车工程师，他更愿意与好朋友而不是父母一起分享对未来的憧憬。跟其他同学一样，他也有现实的考虑，按他自己的话说，"要么上大学，要么就去北京打工"。

　　平日里，锐志对待学习并不放松，也知道努力进取。爸爸妈妈对他没有过多要求，只是盼着他能够考上大学。假如锐志高考表现不佳，他们宁可让他去读高职，也不想让他过早进入社会就业。

　　终于成了新一届的高三父母。经过高一、高二两年与孩子的磨合，父母已对孩子的学习能力、心理素质有了一定的了解。面对已经进入倒计时的高考，父母也和自己的孩子一样，沉静心态，紧张备考，迎来彼此人生中共同努力的一段宝贵时光。作为高三孩子的父母，了解孩子的身体发育与心理成长，是要过的第一关。

高三孩子的身体发育与心理成长趋于成熟与稳定

高三孩子处于从青少年到青年过渡的完成阶段，处于成长发育的重要时期，身高、体重、骨骼、生殖系统的发育水平已经接近成年人，脑和神经系统基本成熟。

与此同时，他们的心理发展也趋向稳定，主要表现在以下几个方面。

——社会意识比较成熟，开始更经常地考虑个人前途，做事盲目性减少，计划性增强，特别是在学习上，比如说，他们的学习带有更强的目的性——考上一个理想的大学。

——独立意识非常强烈，作为"老大哥"，心理和思维比高一、高二都具有更强的独立倾向。他们认为学习应该是自己的事情，自己能够处理好，不用老师和父母过多过问。在行为、情感、道德评价方面，他们也有强烈的自主需求。

——形成了相对稳定的自我认知，能够较为客观辩证地看待自己、分析自己。但是，曾经给他们带来困扰的高矮胖瘦问题、性吸引力问题等依然存在。也会有孩子因为学习紧张放弃减肥，或者忍住对心仪对象的思念，但是，这些隐藏的问题仍然会给他们带来潜在的困扰。

到了高三，压力扑向了每个孩子，既有成绩排名的压力，又有课程难度带来的压力，每个人的状态都有起伏。随着备考时间的减少，高三孩子的升学愿望会越来越强烈，思想上和心理上的波动也都会比较明显，紧张、焦虑会成为困扰他们情绪的主要问题。一些孩子为了提高成绩，常常急于求成，当现实和理想出现矛盾时，便产生焦虑、浮躁的情绪，随之带来的是一系列的生理和心理反应。

给高三孩子身体健康埋下隐患的三大行为

高三学生学习任务重，压力大，时间紧迫，容易精神紧张，再加上运动时间的减少，容易出现各种各样的身体问题。

熬夜

现在我最担心的是你的睡眠，我每次和你发生冲突，几乎都是因为催你早点睡而你不乐意。爸爸知道你的学习任务重，但你就是不睡觉，也不可能完成所有的学习任务；如果睡眠不足，必然影响你第二天的学习，长此下去还会损害你的健康，到那时还谈什么学习呢？其实，我一直有一个想法，高一、高二完全可以放松些，没必要那么刻苦；到了高三再来熬夜不迟！我可以这样说，影响你今后学习的，包括影响你以后高考成绩的，不是你对知识的掌握程度，而是你的心理素质和身体状况。因此，我建议你每天晚上最迟能够在 11 点钟上床。你也许要说"不可能"，但我建议你试试吧，为了第二天的学习，请早一分钟上床！

——摘自特级教师李镇西写给女儿的信

对于增加学习时间而言，熬夜并非一个明智的选择。首先，熬夜时记忆和反应都会被削弱，没有办法做到精力高度集中，效率比较低，学习的效果并不好。其次，熬夜会带来连锁反应，由于前一天休息得不好，第二天上课时也无法集中精力，长此以往，对学习和身体只有坏处没有好处。

当然，每个孩子的情况不同，如果有些孩子熬起夜来没有问题，身体也没有受到影响，精神也没有受到影响，学习效果也和白天差不多，那么他熬夜也无可厚非。只是他们要在适当的时候调节生物钟，因为高考是在白天进行的。

久坐

高三，体育锻炼的时间压缩了，旅行计划调整了，大大小小的娱乐活动能取消就取消了。"高三"这两个字将孩子从身体到内心都悄无声息地束缚起来。保守估计，一个高三孩子每天最少要在课桌前坐 8 个小时。尽管他们的身体发育趋向平稳，但是久坐依然会对他们造成不良影响，引发头部、颈椎、腿部、腰部不适等问题。

喝酒抽烟

高三孩子中，喝酒抽烟的虽然还在少数，属于小群体的行为，但也应引起父母的关注。这些孩子有的是由于早期家庭教育的缺失很小就开始吸烟，形成顽固烟瘾；有的是因为学习压力大，采用这样的方式来给自己减压；还有的是出于信心不足，想要用吸烟喝酒这样的"犯规"行为来表现自己的"勇敢""成熟""有个性"。无论

是因为哪种原因，对于这个年纪的孩子来说，喝酒吸烟都会对他们的身体造成伤害。

注重生活细节，为孩子的健康保驾护航

弱兵不上阵，瘦马不能驮，没有健康的身体，就无法支撑高三紧张的学习生活，也不可能为高考做最充分的准备。由于特殊的生活状态，高三的孩子可能会出现各种各样的身体状况，父母平时要多注意孩子的身体，比如：他的胃口怎么样，有没有食欲不振？他的视力怎么样，有没有下降？他的体质怎么样，有没有经常生病？他的精神怎么样，有没有疲惫不堪？

如果孩子的身体状况确实不乐观，但是父母能观察到孩子生活

方方面面的情况，这个问题的解决办法并不难找，因为办法就在生活细节之中。例如网友"冰城宇妈"，凭借一个月不重样的早餐火遍微信圈。她为了给儿子"助考"，从孩子高二的时候起，就坚持为他精心准备早餐。儿子开始上晚自习后，每天只能在家吃一顿饭，就是这一顿饭，她每天做得花样都不同，但都满足孩子的口味，而且营养搭配也很合理。2016 年，这位细心的妈妈分享了一组早餐美食图片，引来了诸多助考妈妈的效仿。

孩子喜欢什么，需要什么？自己擅长的是什么，能让孩子的生活有哪些更好的改变？如果认真思考这些问题，父母就能找到一个或几个方法来为孩子的健康出一份心力，让孩子更多地感受到浓浓的爱。无论是带着孩子锻炼，还是简单地换一盏台灯，哪怕是帮孩子计个时，提醒他在家也要坚持"课间十分钟"，等等，只要看到了，想到了，做到了，父母就能像"冰城宇妈"一样收获满满。

2. 如何应对高三孩子复杂多变的心态

心态问题往往是高考前暴露问题最多的一个方面。心态上可能出现的问题种类不一，而这些问题会给高三孩子造成心理上各种各样的压力。而且由于这是内心的问题，无法用一些外部的措施直接进行调整。对于这方面，父母要特别注意。高三孩子的心态问题大致出现在以下几个方面。

第一，和别人比较。父母从小就教育孩子不要在吃的、穿的上跟其他人攀比，不过却从来没有说过不要在分数上跟别人比。殊不知，和别人比较，是孩子自己给自己增加压力的最"快捷"的方式。每个人都有属于自己的位置，有自己的能力，有自己的任务和目标；不同的人所追求的不一样，付出的不一样，得到的也不一样。和他人比较，只会徒增烦恼。高三经常考试，有的孩子每次考试后都要和别人比较，因此受到别人的影响。

第二，对考试和成绩的恐惧心理。绝大部分高三孩子都很看重考试和成绩。在考试失利或者成绩没有达到预期的时候，有一些孩子会怀疑自己的能力，这不利于有效执行既定的学习计划。学生参加考试，目的是获得更加丰富的考试经验，了解自身存在的漏洞和不足，进而通过有针对性的训练弥补这些漏洞和不足。如果只看分

数和排名，并不能让学生有多大的进步，反而会给他们带来极大的压力，使他们不论是从身体上还是心理上都无法达到最佳状态。

考试中成绩的变化、排名的升降牵动着所有高三孩子的心，成为压在他们心头的一块巨石。也许一分的差距、一个名次的区别，都能让一个十分在意成绩的孩子失望与沮丧很长时间。如果经常经历这种沮丧和失望，一个人就会逐渐失去自信心，陷入"我不行"的消极想法之中，到最后导致心理失衡。

第三，因对未来的未知而迷茫。在对自己的未来不确定的时候，高三的孩子内心往往会产生一种恐惧感，担心自己的未来没有出路，或者一旦考不好自己以后就完了，等等。这些担心大多数都是没有必要的。学生需要做的就是集中精力复习所学知识，毕竟决定高考成绩的还是那张试卷。

第四，情感上的困惑。有一些高三孩子可能会遇到情感上的困惑。高中生正值青春年少，内心难免会有一些悸动。真正的爱情是美好的，不过一般而言，高中生的爱情都是不成熟的。在高考这个大关口前，因为感情问题造成内心的波澜，最后没有得到自己想要的结果，是不值得的。人生的路还很长很长，怎么走把握在孩子自己手中。所以，父母要告诉孩子：理性看待自己的感情和今后的人生，分清孰轻孰重，世界上是没有卖后悔药的。

为孩子找到合适的解压方法

每次月考之后，爸爸妈妈都会带着刘柳去看一场电影。她上高中以后，一家人达成了一个共识：不管成绩怎么样，考试之后一定让刘柳放松一下。整整三年，一家人一起看了几十部影片，聊起来都觉得那是最美好的一段回忆。刘柳说："除了高考，高中的哪次考试我都不紧张。反正我知道爸爸妈妈不会老要我考高分。他们总怕我压力太大，每次考试都想着怎么让我放松，考完就去看最新的大片。他们越这样，我越想着自己简直太幸福啦！就不能不好好学，不能考得太差了。"

高三的孩子学习压力大，容易焦虑，作为父母，要帮助他们找到合适的解压方法，缓解他们的焦虑情绪。父母首先要做的，就是改变自己的观念，以平常心对待高三。要认识到高三的重要性，但是不能因为这种重要性自乱阵脚。高三的确很重要、很关键，要顺利度过这重要而且关键的一年，就必须有平和的心态。如果孩子能抛开顾虑和压力，全身心地投入学习，学习的效果就会更好。

　　除了拥有一颗平常心，父母还要帮助高三的孩子寻找适合他们的解压方式。每个孩子都不一样，适合每个孩子的解压方式也不同：有的需要好好吃一顿，有的需要痛快补个觉，也有的喜欢购购物，有的就想打打球，想玩玩久违的游戏……不管是哪一种，只要能让孩子的紧张情绪放松，那就是最合适的方式。也许有的孩子会像刘柳一样，对某一模式情有独钟，也或者有的孩子更喜欢把上述方式全都尝试一遍。凭借对孩子的了解，相信父母一定能找到适合自己孩子的放松模式。

给高三孩子一个少谈成绩的家

　　小敏一向是个听话的孩子，在学校听老师的，在家听爸妈的。从小学到高中，她很少跟爸爸妈妈争吵，学习上也知道努力，爸爸妈妈对她很是放心。不过，到了高三，她的成绩提高很慢，爸爸妈妈开始担忧，一而再再而三地督促她好好学习，时不时就打电话到各科老师那里询问情况。期中考试拿到成绩单后，在饭桌上，面对爸爸妈妈的追问，小敏第一次冲着他们发火了："难道我不勤奋吗？我这么努力却没有进步难道是我自己愿意的吗？你们又做了什么？你们就能保证一定比我学得更好吗？"原本想一家人好好吃一顿饭，结果却搞得不欢而散。

高三的孩子，在学校里一天一小考，一周一大考，可以说每时每刻都与考试相伴。有考试就有压力，频繁的考试非常容易让孩子身心俱疲。而除了极端个别的情况，他们没有不想考好的。但是考试带来的压力，让他们不愿意再谈论考试，尤其是在家这个他们最想放松也最能放松的地方。因此，父母要给高三的孩子一个少谈成绩的家。父母要时刻牢记，家是高三孩子的大后方，需要的是温馨和睦，而不是前线，不需要紧张，更不需要因为自己的过度关心而造成冲突。

少谈成绩并不代表不关心孩子的学习。父母如果确实想和孩子谈谈他的学习情况也并不是不可以，但是要把握好谈论这个话题的时机，什么时候谈、怎么谈都要心中有数。一般而言，当孩子因为考得好而和父母分享喜悦的时候，或者因为考得不好而向父母倾诉苦闷的时候，是和他们打开这个话题的最佳时机。还有一种方法，是建立定期和孩子交流学习情况的制度，比如说每月一次，就放在月考之后。因为这种交流是"如约而至"的，所以孩子有交流的心理准备，情绪偏向积极。放在月考之后，也刚好可以通过对月考的分析帮助他们总结一个阶段的学习。

小贴士　高三孩子的心理发展与备考过程紧密相关

激情期：8—11 月

高三开学是一个新的起点，绝大部分孩子对自己的高考怀揣希望，积极努力地投入学习，经常迟到的不迟到了，爱玩手机的不玩了，上课听讲效果好了，提问的情况多了……

高原期：12 月—第二年 2 月

期中考试（基本安排在 11 月份）后，成绩上升的孩子心里松了口气，稍微有些懈怠；而成绩无起色的孩子则疲惫烦躁，情绪低落，积极性大受打击。在考试的压力下，多数孩子还会坚持下去，但是细节上会表现得不如前一时期。

怀疑放弃期：3 月—第一次考前模拟

在第一轮复习基本完成后，大部分孩子的成绩趋向稳定，但是第一次模拟考试的成绩会使一些失利的孩子受到打击，甚至让一些孩子产生放弃的念头。同时，部分具有一定优势的孩子也会因"不再进步"而怀疑自己。

恐惧焦虑期：第一次考前模拟—高考前

高考一天天临近，无论成绩好坏，孩子多多少少都会产生一定的焦虑或恐惧。有的踌躇满志，却患得患失，担心不能考取理想的大学；有的则升学无望，却也恐惧马上就要面对的就业压力。因此，很多时候，焦虑会表现在每个孩子身上。

3. 做称职的父母

有一个高考成绩非常好的考生这样说：

在他人眼中，我的父母只是两个平平凡凡的教师，而对于我，他们的点点滴滴却足够让我受用终生。是他们对我 17 年的教育，让我拥有了端正的学习态度，学会了自制，懂得了勤奋。从我的角度看，我以为，在家庭教育方面，他们做得最成功的有以下几个方面：

············

第二，他们在生活中为我树立了榜样。

榜样的力量是无穷的，更何况是与我们朝夕相处的父母。父亲曾对我说过，无论做什么，都要无愧于心。他们不用言语，只用实际的行动，用生活中的点点滴滴，影响着我、感召着我，教会我如何学习、如何做人。

父亲是一个勤奋、追求上进的人，数学专业毕业的他，自学英语，已经能够做到双语教学。听BBC，进英语聊天室聊天，读 *China Daily*，他每天那高涨的学习热情让我深有感触，也在潜移默化中，感召着我更加勤奋地去学习。

第三，他们充分理解我，是我的精神支柱。

毋庸置疑，备考冲刺是辛苦的，甚至在某种程度上是痛苦的，高三的学生难免会出现情绪的波动。这个时候，作为父母，哪怕是一句小小的鼓励或者安慰，都有助于我们平复心情，以便更好地学习。

　　学得烦躁时，他们耐心地听我发牢骚；考试考砸时，他们细心地安慰我。父母能做的或许只有这些，但这些，却足够让我感受到父母无微不至的关爱，感受到在我背后，有两个强大的精神支柱，助我在备考之路上，坚持，坚持，再坚持。

　　当我走过高考，回首来路时，不禁感慨满怀。在备考的整个过程中，是父母陪我一路风风雨雨走来，是父母默默的支持和不断的鼓励，让我不断收获和提高。这种力量让我胜不骄、败不馁。这种爱，是父母给予我的，是对我毫无保留的爱。

　　高三孩子的父母普遍进入了成年中期，在这个时期，大部分人意识到身体发生了变化，这些变化标志着衰老的开始。例如，身高开始"沉淀"，听力和视力变差，骨质疏松的风险增加，特别是很多人都发胖了。体力逐渐下降，尤其是背部和腿部的肌肉会发生一些变化。由于生活方式的差异，不同的人会有不同的变化，但是整体而言，衰老在逐渐来临。另外，这个年龄的人外有工作，内有家庭，上有老，下有小，面对着来自各方的压力。

　　四十多岁的人大都在社会中拥有一定的权力、地位。虽然特定方面的智力功能下降，但是还会表现出高水平的总体认知能力，而且他们的感觉记忆和短时记忆并没有出现问题，还有机会挑战新的领域，甚至通过训练某个方面的能力，还可以发展自己的独特才能。

教孩子正确认识高考

高考目前还比较接近应试教育，但在我们找不出更好地测试并量化一个人学习成绩的时候，高考依然是为大学选拔人才的最好方法。孩子为高考付出了很多，父母要让他们知道，他们是在为自己付出，为未来付出，这样才能消除他们对高考的反感，使他们相信高考是帮助自己进入理想大学的最好道路，由此消除心理上对学习的厌倦。这一点对于高三学生来说非常重要。

对于大多数学生来说，让他们看清高考，首先是让他们看"轻"高考。大部分父母都经历过高考，高考后又走过了许多岁月，回过头再看当年的考试，只不过就像老师的一次表扬或者批评罢了，甚至有可能影响还没有这个大。父母要让孩子知道，人生不是一次胜负就能决定的，前面还有更多的事情，它们与高考一样重要，甚至比高考的影响还大。而且高考时所定下的目标未必就是最适合自己的，每个选择都有利有弊。父母一定要用自己的生活经历告诉孩子，做一个理性的人，不要把高考看得那么神圣、那么威严。

不要过度关注孩子

9 月份开学前，依然的妈妈选择了辞职，打算全程陪考。尽管依然并没有这样要求，爸爸也不太同意，但妈妈还是做了这样的决定。在她看来，只要依然能上一个好大学，有一个好前途，一切都是值得的。从此，依然生活上的一切都被妈妈包办了，连爸爸也要靠边站。高三一年，妈妈起早贪黑，关怀备至，一心一意陪考。尽管如此，依然的成绩并不出色，这让她感到十分愧对妈妈的付出。

没有父母不希望孩子前途光明，事事走在人前，但是每个孩子性格不同，天资各异，很难完全达到父母的要求。更何况，高考本就是选拔考试，本身就有一定难度。

竞争的增强与就业形势的严峻，导致不少考生和父母的期望值增高，影响考生的心理健康。调查发现，与低期望值的考生比较而言，期望值的高的考生容易出现焦虑、敌对、恐惧等心理问题。当父母的期望值过高时，孩子会产生心理压力，如果他们没有达到父母的期望，就往往会有一种挫败感。

在很多家庭中，面对高考，父母表现得比孩子还要紧张，陪着孩子熬夜，无微不至地照顾孩子的生活，帮孩子选学校，替孩子填志愿……只是，这样做的收效并不见得就很好。有的孩子对父母过度关注、包办代替极为反感；也有的孩子跟依然一样，愧疚给他们带来了新的压力。

人生的每一年都是重要的，高三只是其中之一。重视是应该的，但是也许让它不那么"特殊"会更好。孩子有孩子的生活，父母也应该有父母的生活。除非实在必要，全职陪考并不可取，因为这会加重孩子的心理负担。孩子高考，父母不可能不关心，但是一定要把握好尺度。冲锋在前线的是孩子，父母只需要承担一些"后方"事务即可。下面是父母应该注意的一些事情。

——切忌禁令多。孩子高三以后，父母的禁令也多了起来：不能看电视、不能玩电脑、不能玩手机、不能跟同学外出。这些禁令会加剧孩子的紧张情绪，很可能导致他们产生逆反心理。

——切忌多方比较。"父母总是拿自己和其他人比"在校园调查中被评为学生最反感的问题之一。父母的口气中要么充满了对他人的羡慕之情，要么是对自己孩子的指责。建议冷静地分析孩子的优势劣势，客观看待他们的成绩，给他们一个恰当的评价，让他们感觉到父母的尊重、信任和理解。如果需要比较，应更多纵向比较，与过去比，只要有进步就应该多加鼓励。

——切忌频繁关怀。孩子一出考场，马上就问考得怎么样，成绩公布之前又问个不停；考前千叮咛，万嘱咐，提醒这，提醒那；在家里不离左右，问这问那。这些都会影响孩子正常的学习和休息。

做好自己，影响孩子

志强家是开小吃店的，一家人的生活全都要靠父母亲卖早点来维持。很小的时候，志强就目睹了父母含辛茹苦、起早贪黑。尽管他从没在嘴上说什么，但是实际上很为父母骄傲。他们作为外地人，能在城市中扎下根来，没有依赖别人，靠的是坚强的毅力和勤劳的双手。虽然上了高三，志强依然没让父母担心，反而想方设法减轻他们的负担。

2016年安徽考生洋洋说："偶尔我也会厌学，不想看书，爸妈注意到了，也不说什么，就把电视关掉，坐下来看书。看到他们在看书，我也就不好意思不看书了。"

2016 年广东考生阿恒说："我爸是个比我更爱学习的人，从记事起，半夜里就经常有人叫爸爸回单位处理故障，他总是'手到病除'。我读大学时，爸爸作为培训班里年龄最大的学生，顶着颈椎病还每天学习，通过了中级绘图员的考试。爸爸用他的实际行动教给我：知识无尽头，活到老，学到老。"

无论父母是做什么的，在孩子眼里都只是父亲母亲，他们对生活的态度深刻地影响着孩子的态度。一般情况下，如果父母在工作上积极进取，在家庭中承担起为人父母的责任，那么，无论成绩好坏，孩子都不会不在乎自己的学习。所谓言传身教，父母的行为始终在潜移默化地影响着孩子。

人们都说父母是孩子人生的第一任老师，孩子从父母身上学到的是方方面面的内容：为人处世、情感态度……父母做好自己，孩子也会在潜移默化中学到成长的诀窍。

让孩子自由选择

对于高三孩子来说，父母应该告诉他的是：不是每一个人都能上大学，但是每个人都可以拥有幸福的人生。

尽可能让孩子选择他们喜欢的目标，而不一定接受"流行"的目标；让孩子选择他们自己的目标，而不一定接纳父母给予的目标；让孩子有机会选择新的目标，而不是强迫他们接受现有的目标。每个孩子都可以有自己的成长道路，他的选择是不是自己喜欢的，很可能影响到他的一生。能拥有金钱、权力固然好，但是一个人精神生活是否愉快更加重要。

如果父母希望孩子飞到期待的高度，请先松开他们的翅膀。让孩子自由地选择，让他们为自己的选择付出努力，即使达不到目标，他们也会是幸福的。

高三父母应该注意避免的三大心理问题

——缺乏自信。高三父母在陪考过程中，会逐渐发现自己有越来越多的不足，有越来越多的事情自己不能帮助孩子解决，特别是当得知其他父母能够提供更加优越的备考条件而自己无能为力，或者自我感觉陪考方法出现纰漏时，容易产生自卑心理。

——过分攀比。很多高三父母总喜欢打听其他孩子的备考情况，总喜欢拿其他学生的成绩跟自己孩子的成绩进行比较，总觉得别的孩子有的备考条件自己的孩子也必须有，等等。这些比较都没有必要，会对孩子产生不良影响。

——极度敏感。高三父母往往容易对很多事情过分在意，比如：孩子放松一会儿会不会影响学习？孩子天天学习但成绩反而下降，会不会是因为他们并没有真正努力而只是装装样子给父母看？孩子最近跟异性同学接触频繁，这么关键的时刻早恋了怎么办？

要解决上面的三种心理问题，父母需要做到以下两点。

——尊重孩子的现状。每个孩子都有自己的实际情况，包括基本知识和基本能力。因此，父母要正确判定自己孩子的实际情况，对他们提出的要求要合理，不要用太多不切实际的梦想给孩子增加无形的压力。

——摆正位置，做好配角。父母在高三的任何阶段都只是配角，不是主角，所以要尊重孩子的意愿。孩子对自己的成绩水平、发展方向都有自己的打算，父母要做的就是在尊重他们意愿的前提下，提供一定的建议和帮助。

回顾与思考

1. 高三孩子面临着哪些压力和危机？

2. 高三学生的考试心理发展变化中，父母应该如何帮助孩子？

3. 父母应该着重关注高三孩子身体方面的哪些问题？

4. 如何做一个称职的父母？

2

$E = MC^2$

第 二 章

功夫也在学习外

1. 运动为冲刺的学子助力

学习的强度，高考的压力，都要求高三的孩子有一个强壮的身体。高考作为一个人一生中比较重要的考试，难免会留下或多或少、这样那样的遗憾，但如果最终的失利是由于身体原因的话，那将是所有遗憾中最大的遗憾。所以高三孩子的父母一定要注意，孩子在紧张的学习之余，还要加强体育锻炼，增强体质，为高考做好最基本的准备。

我们从高三孩子的父母那里常常听到这样的表达：

"我儿子之前一直打篮球，上高三以后一次比赛都没参加！""我们孩子平时都不怎么喜欢运动，高三学习紧张，就更不出门了。""这孩子天天学到那么晚，身体怎么受得了啊！""上午又请了半天假，这会儿还没起来呢！学习弄得身体都垮了。""上高三了，哪儿还有空游泳？别去了！""不是妈不让你打球，可你都高三了，怎么还不知道努力啊？""成天踢球踢球，靠踢球你能养活你自己吗？"……

就算是知道孩子的身体弱，估计一些父母也只会想到给孩子购买更多的补品，而不会想到让孩子"浪费"时间去锻炼。虽然运动的概念已经存在于他们的脑海，但是真正去实践却是有点儿困难的事情。

在为幼儿蹒跚学步叫好时，在许多人骄傲地晒出每日步数时，在广大老年人因为跳广场舞而精神矍铄时，我们有什么理由不让孩子运动呢？难道就因为他在读高三？

高三，更不能少了运动

中国科学院院士、清华大学教授施一公在上高中时就开始练习长跑，从800米到1500米再到3000米。进入清华后，由于长跑队只招收专业运动员，他便转练竞走，从5000米到1万米。他曾在校运动会上创下全校竞走项目纪录。一直到1994年，在他大学毕业5年后，这个纪录才被打破。如今，跑步已成为他最大的业余爱好，运动鞋成为他身上的"标配"。只要当天PM2.5读数小于100，他就在校内跑上几公里，平均每周要跑二三十公里。"跑完心情特别好，精力更加充沛。"

健康的体魄、坚强的毅力和进取的精神是成就人生的必要因素，而这些在体育运动中能得到锻炼与培养。比如一场足球赛持续一两个小时，队员们在求胜心的驱使下奋力奔跑，以高度紧张的精神支撑场上激烈的拼抢，随时都可能受伤，来自场外球迷的呐喊更让整个球场热烈甚至沸腾起来。在这样的环境中还能够坚持的球员，身体素质和心理素质都必须十分强大。

事实上，高考作为战线漫长、内容复杂、影响较大的一场考试，无时无刻不在进攻父母与孩子的心理防线。不可否认，优秀的运动员在面对巨大的精神压力时依然能够稳定地控制自己的身体和心理，表现得比常人更冷静，更能承受压力，而这些都是他们在运动中培养出来的。高三的孩子多做运动，除了可以放松身心，更重要的也正是为了培养承受压力的能力。

鼓励孩子坚持耗时较短的运动

"我不是不想让他玩球，可是作业还没做呢！""马上就要考试了，老玩球肯定要影响成绩的！"父母和孩子难免会有这样的想法。但是，我们需要思考一下：运动一定会耗费很多时间吗？

不算在学校受到严格限制的时间，除去需要团队配合的体育运动，我们且只谈在家中利用 5~20 分钟就可以完成的一些运动。

可以利用跑步机、动感单车、哑铃、拉力器、握力器、弹力绳、毽子这些器械做一些简单的运动。也可以做一些更方便的徒手运动，如在健身 App 指导下，做一些一二十分钟就能完成的运动项目。

女生在家做瑜伽，需要的无非就是一张光盘和一块瑜伽垫罢了。甚至这些都不需要，20 分钟简单的瑜伽动作就够让人精神振奋了。也可以选择总长在 10 分钟左右的太极拳、八段锦等，又或者仅仅是

扎马步、站桩或散步，这些都能让身体得到锻炼。无论是有氧运动还是无氧运动，孩子都能从中领略到运动带来的愉悦。

鼓励孩子至少学会一项运动技能

很多学校会慢慢将体育运动作为衡量学生素质的一个重要标准，一些公司招聘员工的时候也会考虑应聘人员的身体素质。从功利角度考虑，要应对高三的高强度学习，孩子也应该将运动作为日常生活的重要部分，将锻炼身体作为与学习一样重要的事情看待。而且，体育会考也是高考前需要渡过的难关。对很多男孩子来说，跑1000米就是一个大大的障碍。

不过，萝卜青菜，各有所爱。如果孩子能发展一样自己喜欢并擅长的运动项目，无疑对自信心的培养有极大的好处。如果高三以前已经有明确的运动爱好，请坚持下去，如果还没有，请尝试找到一项运动，坚持它直到习惯它并爱上它。

2. 不可或缺的课外阅读

"除了运动，我还喜欢看漫画。作为一名高中生，对于那些看似不高雅、很平民化的东西，经过我们思考之后都能变得有趣、有意义，变得深刻、有哲理。何况那些东西本来也的确有思想在里面，因此我从漫画中悟出了许多积极向上的思想，有些也许并不是漫画的作者本身想表达的，但这没关系。这些思想作为我的奋斗源泉，作为我的精神支柱，对我的学习起到一定的促进作用。你们也可以试一试，但不一定是漫画，你们有更广泛的选择。"

——清华大学一学生回忆自己的高三生活

高三更需要立体式阅读

高三的学生整天盯着书本看，容易眼睛疲劳，这时候再看课外书不仅不能起到放松的作用，而且对他们的视力也没有好处。因此，开发多种阅读方式，进行立体式阅读，对高三孩子而言非常重要。

所谓立体式阅读，是指不仅包括读书读报，还包括听书和参加讲座、展览等多种方式在内的阅读。

现在有许多听书软件内容丰富，不仅包括音乐娱乐，还包括历史人文、教育培训、戏曲影视等多方面的内容。只要有一个智能手机，下载一个听书软件，就可以达到调节紧张学习节奏的目的。其实听歌也是立体阅读的一种方式，许多歌曲的歌词写得就像诗歌一样美丽，因此，当孩子在听歌的时候，父母也不要去打断他。

有很多图书馆会定期不定期举办各种讲座，如果时间允许，父母平时可以多关注一些这方面的内容，向孩子推荐适合他们的讲座，甚至和他们一起参加讲座。博物馆和科技馆可以增加孩子历史、科技等各方面的知识，对于高三孩子而言，也是不错的去处。植物园里四季景色不同，可以让孩子感受大自然的多彩多姿，让他们心旷神怡；对于喜欢摄影的孩子来说，植物园也是他们可以大显身手的地方。

高三课外阅读的主要目的是调节生活、扩大视野

与高一、高二的阅读相比，高三的阅读更加偏重于对紧张学习生活的调剂。

高三的孩子学习紧张，精神的弦往往紧绷着，非常需要调节放松，对他们而言，课外阅读就是一种很不错的方法。因此，高三的课外阅读，要考虑的不是孩子能不能从中获得知识，而是孩子能不能从中获得乐趣，精神能不能得到放松。只要能让孩子获得乐趣、放松精神，哪怕是父母觉得很无厘头的漫画，或者是纯粹追求情节的武侠小说，对他们都是有益的。所以对孩子喜欢看什么样的课外书，父母最好不要干涉。

高三读书必须有度

由于高三的特殊情况，学习任务重，学习时间紧张，因此看课外书必须有度。这是父母在孩子看课外书方面需要注意的一点。这个"度"包括两个方面，一方面是时间上有度，一方面是内容上有度。

所谓时间上有度，主要是指高三孩子不能花大把大把的时间在读课外书上。因为高三本来时间就特别宝贵，恨不能把一分钟掰成两半用，全部用来学习高考内容似乎还不够。作为一种主要起调节作用的课外阅读，自然不能占用大量的时间，否则就喧宾夺主，会使孩子在时间不够时手忙脚乱，影响正常复习，不利于高考。

所谓内容上有度，是指高三孩子要多看内容轻松的书，不要看内容过于深奥、过于深刻的书。内容过于深奥的书，会浪费精力，而且容易降低人的自信心。内容过于深刻的书，会引人深思，但高三最需要的就是平和的心态。如果孩子在高考前思虑过多，思想变化太快，或者沉迷于冥思苦想，就对他们的高考不利。这两类书比较适合到了大学再看。

3. 理性面对日常考试

了解孩子高三的学习生活，关注其阅读和运动之后，不能不说的就是考试这件事了。

作为高三生活中不可忽视的重要部分，作为影响高三孩子心理波动的最主要根源，父母一定要对考试有一个正确的态度，解决考试带来的不良影响问题，分析考试反映出的关于孩子的信息。

父母的态度深刻影响孩子的态度

从上幼儿园起，中国的孩子几乎就已经开始与考试结下不解之缘了。十几年来，父母和孩子各自都在寻找解决考试这个难题的办法。无论是对成绩的分分必争，还是对排名的斤斤计较，又或者是对无法改变的现状的冷淡视之，父母和孩子其实都不能完全无视考试这件事。

而事实上，父母对待考试的态度会直接影响孩子对考试的态度。要想让孩子不紧张，首先父母不能紧张。父母的支持是孩子强有力的后盾，让他们有信心去面对高三的一场场考试，乃至未来人生的一次次考试。如果父母能够做到直面考试带来的所有后果，孩子也会更有胆量和勇气来直面他们人生中的任何一次考试。

高三可以说是整个高中考试最多的年级，父母和孩子应该学会理性面对考试，同时尝试在以下三点做出努力。

帮助孩子提高日常练习的效率

相信一些父母有这样的感受，孩子平时学习态度很好，听课也听得懂，作业也完成得好，可一到考试，会做的题要么不小心做错了，要么没有时间做。考试后无论如何总结，这种状况都不见起色。因此，在归因的时候，往往或者归结为孩子一时的失误，或者简单地判断为孩子不够努力、不够聪明。这类现象一再发生，但似乎总难以找到根本解决的办法。

其实，高三孩子的备考跟运动员的备赛很相似，都需要熟练基础之上的低失误率。因此，运动员的训练方法也适用于高三学生的学习。例如，刘翔的教练孙海平从自己的经验和对其他教练经验的总结中发现：长期大量低强度低负荷的训练对运动员没有有效帮助，反之，一定强度的训练有助于运动员稳定状态。另外，小周期的训练效果要好于大周期的训练。

如果细心观察，父母不难发现，很多孩子做同一道题，考场用时很可能少于课堂练习用时，而课堂练习用时又少于在家练习用时。

孩子的家庭练习和在校练习不能达到考场练习的强度与负荷程度，故而练习的有效性大打折扣，也就难免出现课下做能做，自己做能做，上考场就来不及做或不会做的情况。

希望父母帮助孩子了解到这一点：成绩的提升依靠的不是他们长时间地坐在书桌前，而是他们在日常练习中的紧迫感，是调动全部精神，高度专注，在尽可能短的时间内完成尽可能多的任务。这样一来，日常练习的难度没有增加，数量也没有增加，但是，自主学习的效率提高了，成绩也就会提高，还腾出了休闲娱乐的时间，何乐而不为呢？

设定合理的考试目标

一般来说，孩子的成绩在常规范围内波动都是可以理解的。因此，某种程度上，可以预估孩子的成绩。在孩子现有的能力水平下，为他设定一个稍高的目标，也就是常说的孩子踮一踮脚就够得着的目标，对孩子来说实现起来不那么困难。一旦实现，就会帮助他们树立信心。

最低目标就是孩子的现有能力所能达到的，最高目标是孩子发挥全部潜能有可能达到的。可能的话，在两个目标之间再设置阶梯式分级目标，让孩子逐步提高成绩，树立坚定的信心。

制订考后"预案"

让父母和孩子产生焦虑的原因就是考试带来的种种后果，既然人生路不止一条，那么对考试后果的应对就不止有一种。考前如果能让孩子对考试后果做出若干预案，一定会帮助他们缓解考试压力。

例如，进入理想大学，专业也理想……

进入理想大学，专业不理想……

未进入理想大学，专业理想……

未进入理想大学，专业也不理想……

落榜……

……

对预案的清晰设想、明确表述既可以转移考试焦虑，又能让孩子产生积极情绪。因为在做预案的时候，要考虑许多问题，这个过程能让孩子加深思考，真正攻克考试这个难题。所谓兵来将挡，水来土掩，一往无前的勇气和信心往往源于后顾无忧或者是根本不去后顾。与其瞻前顾后患得患失，不如预先考量，然后再坦荡奔赴高考这个既定的约会。

回顾与思考

1. 高三孩子为什么仍需要坚持运动？

2. 课外阅读对高三孩子的主要作用是什么？

3. 高三孩子需要什么样的课外阅读？

4. 在考前和考后，父母可以为孩子做些什么？

3

第 三 章

创设健康的家庭环境

1. 打造舒适的物理环境

不管怎么说，家里都不是孩子学习的主要场所。父母和孩子都要明白，家里主要是用来休闲和放松的。这是由家这个环境本身决定的。在家里，干扰学习的因素太多，仅仅为了摆脱这些因素，恐怕就要花费很多时间，因此家里不是集中注意搞学习的地方。但也不能让家里完全成为孩子逍遥自在的地方，他们可以在家里做一些他们感兴趣的事情。比如，在课堂上，老师的哪一句话引起了孩子的兴趣，他就可以找相关的东西来看，这样可以有效提高这个知识在孩子脑中的深刻程度。这是孩子最有效的扩充课外知识的办法。

孩子上了高三，需要更加快乐的家庭生活，如果父母能够为他们创设更加舒适的家居环境，不仅会使他们的心情更好，也会使他们体会到父母深沉的爱。

布置一个适合高三孩子的空间

思佳有自己的卧室，房间有10平方米大小，一床一柜一书桌一书架。墙上贴的壁纸已经有年头了，当年的时髦花色现在看起来也十分陈旧落伍。书桌旁边不到1米就是床，周末在家学着学着就想躺到床上去。从高一到高三的图书、试卷堆满了5层的书架，找东西很不方便。台灯、闹钟等摆件占据了小半个桌面，如果再把学习用的图书、文具摆出来，总是给人一种杂乱无章的感觉。不像在学校，桌子虽然小，但是不会放太多书本在上面。思佳总感觉在家学习的效率比不上在学校。

随着年龄的增长，每个人对于自己的生活空间都会有一定的需求。对于高三孩子来说，单从学习方面考虑，他们的空间除了需要保证隐私、尽可能安静外，还要考虑如下两点。

一是便于孩子整理自己的物品，尤其是学习资料。通过对物品的整理，可以改善对生活的态度，进而促进身心健康和幸福感的提升。如果说学习资料多而且杂，可以按照学科来分类，也可以按照时间来排序。整理图书杂物从某种程度上说就是整理自己的生活，整理自己的思想。无论是在校住还是在家住，都必须整理学习资料，而且一定要做好。

二是留有休闲、锻炼的空间。学习累了，也许想弹弹吉他，听听歌，玩玩球，做一会儿平板支撑。如果父母能想到给女儿买一个瑜伽垫，给儿子准备一个拳击沙袋，说不定会开发出孩子的一项新技能。对于这个要求，父母要做的并不是一定要寻找新空间，而是要鼓励孩子充分利用已有的空间。一点点器材的准备带来的可能是孩子巨大的改变。

从生理的角度来说，孩子的房间还要考虑以下这些因素。

——光线。光线不足会造成视觉疲劳、反胃、头痛、忧郁等不良反应。

——色彩。在亮色如蓝、黄、绿装饰的学习环境下，比起在单调的白、黑、棕的环境下，孩子的思维更加敏捷。

——温度。环境心理学研究发现，长年居住在15~18℃环境中的人，头脑较为发达，文学艺术的成就较为突出。在20~30℃之间，温度越高，学习效果越差。

——空间大小比例。心理学证明，空间比例不符合生活规律的内在界定性时不仅会增加生活上的不方便，也会给人造成心理负担；建筑空间比例符合人的生活习惯时，人就会感觉比较舒适。

——不同类型的空间对人有不同程度的心理影响。完全开放的空间会让人产生双重的心理感受，既给人开朗、博大、奔放的感觉，又给人孤独、冷漠和不安全的感觉。半开放空间不仅会保证一定的独立性，还可以保证一定的开放性，既保证内部独立，又保证内外沟通。完全封闭的房间，会令人产生封闭、局促、狭隘的感觉，但有时也会让人感觉安全、宁静。

空间对家庭成员交流的影响

人的智慧与能力、审美与健康都建立在与人交流的基础上。合适的空间环境有助于人的交流，反之，将会制约人的交流。建筑师

在设计住宅时，一般会对住宅的功能进行分类：一类是具有私密性质的空间如卧室、书房、厨房等，一类是公共的活动空间如客厅、餐厅等。一般来说，客厅和餐厅是家人活动的主要公共空间，承担了交流互动、休闲娱乐的功能，它们的布局对家庭成员的交流有很大影响。

从人体工程学的层面来看，当空间的尺度与人的生理结构协调时，就使人在心理上产生一种亲切感，使人的身心得到放松；从社会发展层面来看，人与人之间保持恰当的距离对人的心理健康十分有益。因此空间的设计应该充分尊重人们对人际距离的心理需求，科学引导人们的行为，把握合理的尺度，使人们在交流中始终保持愉快的心情。

客厅和餐厅的布局要方便家庭成员交流。目前来看，许多家庭客厅的主要配置往往是沙发和电视机，休闲娱乐的功能很明显，非常适合一家人其乐融融地看看电视剧、唱唱卡拉 OK。但是如果需要有一场严肃的对话，那么相对开放宽敞的客厅反倒不如可以直接面对面而坐的餐厅了。狭小、安静的空间会拉近彼此的距离，没有柔软的沙发和电视来分散注意力，谈话能更深入。

设定父母孩子正式会谈的空间

父子一起喝茶聊天是互动，母女一起上灶做饭也是互动，父母孩子一同购物同样是互动，电话或网络聊天、互转微博微信文章都是互动……如此说来，生活中家庭成员的互动不限于家庭，更不限于物理空间。

因此，建议设定一处现实对话空间，一处虚拟对话空间。不管哪一处，都必须满足以下几个条件。

——用于家庭成员之间的严肃对话和思想交流，或者说要满足正式交流的需要。

——现实空间尽可能选在家中，如果情况不允许，可以选家庭之外的地方，但要尽可能在固定的地方、固定的时间。这方便给父母和孩子一种暗示——这是一场正式的对话。

——虚拟空间的交流方式并不唯一。也许是给他推介的一篇文章，也许是一封谆谆告诫的 E-mail，甚至是一封父母亲手写的信。

2. 营造和谐的心理氛围

良好舒适的家庭物理环境固然重要，和谐自然的心理环境同样不可或缺。要创造一个幸福的家庭，家庭成员、家庭时光、家庭规则、家庭仪式缺一不可。

高三孩子更离不开父母

要让孩子感受到家庭的幸福，家庭成员缺一不可。然而，现在中国的家庭教育中，往往是母亲起着主导作用，父亲似乎更多地扮演了边缘人的角色：儿子不乐意亲近父亲，女儿更愿意做母亲的贴心小棉袄。尽管到了高年级，父亲对孩子的学习日益关注，但是如果不能在学习之外的活动中与孩子建立起亲密、和谐、融洽的关系，那么父亲就很难成为孩子学习、生活中的引路人。同样，母亲的存在是很多孩子感到家庭幸福的重要因素。无论是父亲还是母亲，任何一方的缺席都可能会导致孩子在心理上出现问题。而高三阶段，父母的关爱更是孩子获得动力的源泉之一。

"家庭时光"让孩子得到休息

家庭时间可以分为个人时间（一个人独处）、双人时间（两个人的互动分享）、团体时间（全家人在一起）。

高三学生学业负担重，但是，与父母的交流是必需的，无论它以什么形式存在。"家庭时光"让家人聚在一起，是彼此了解的关键时刻。很多时候，"家庭时光"也许就是早晚餐的时间，加起来还不到两个小时。但是，在这短短的时间里，父母和孩子聊一聊，哪怕只是平淡简单的家常话，也能让孩子从紧张的学习中暂时脱离出来，进入另一种精神的环境，大脑得到休息。

多建议，少命令

家庭规则对孩子的影响是巨大的，但是如果这些规则（很多时候外显为言语）表述不当，就会对孩子的成长产生负面作用，因此可以把它们转化为指南，用缓和的语气说出来。例如，规则的表述通常是"不许""不应该"，而指南的表述是"可以"，因此可以把"不许熬夜"转变成"可以不熬夜"，把"不应该上网"转变成"可以不上网"。

父母也可以思考一下，是否老生常谈地随口一说不小心就成了孩子的"紧箍咒"？也许平时说话中的"不许""不应该"改成"可以不"更能让孩子接受。对高三孩子来说，禁令未必会达到效果，建议则可能更有作用。

家庭仪式唤起高三孩子的责任感

家庭是个体出生后的第一个社会环境，与家人的交往是一个人社会化的开端，对个人观念、心理、行为习惯有潜移默化、深远持久的影响，为人一生的社会化奠定基础。

家庭功能的发挥离不开仪式，大到婚丧嫁娶，小到衣食住行、言谈举止，都或多或少借助特定仪式而实现其意义。家庭仪式让人们按照社会规范来表达情绪、抒发感情，并辨识别人的行为和情绪。

"十八周岁以上的公民是成年人，具有完全民事行为能力，可以独立进行民事活动，是完全民事行为能力人。"孩子一般在高三会度过18岁生日，一些学校也会举办成人礼，目的正是唤起孩子的责任感、使命感。

把孩子的幸福放在第一位

除了学习之外，大部分父母都表示自己还有更为看重的东西，那就是是非道德问题。只要明辨是非，不违背道德要求，父母对孩子其他一切选择都基本以尊重为主。

安徽考生小丁的妈妈说："只要孩子是善良的，能分辨是非，她的道路无论怎么选择，我都绝对支持！""高考前半个月，我还陪孩子一起看电视剧呢。""备考以来，孩子回家，我们从不过问成绩，只问近来状态怎么样，想吃什么。""从上初中开始，只要有同学约女儿出去玩，我从不阻拦，反而会在玩耍结束后去接女儿，再把女儿的小伙伴一一送回家。"……

父母应看重孩子的安全、健康、快乐、幸福……功利心人人都有，望子成龙、望女成凤之心也是人皆有之，但是要知道，人生最根本、最重要的永远不是分数，而是孩子的幸福。

3 让孩子参与家庭事务

孩子上高三了，学习都已经忙不过来了，还能为家庭做什么呢？或者说，家庭还需要他做什么呢？似乎不需要。但是，孩子迟早是要离开家的，在他离开家之前，如果从来没有参与过家庭事务，那么将来指望他能够一下子处理好个人事务就是一句空话。

高三孩子仍然需要参与家庭事务

很多父母和孩子都以为，高三是人生中最特殊的一段，可以摒弃所有日常事务，只重视学习。但是，人生中的哪个阶段没有其特殊意义？如果父母总想着初一的孩子太小，什么都做不了，高一的孩子不成熟，做也做不好，高三的孩子太紧张，没时间去做什么；那么就不能在孩子成人之后，要求他们做得好。父母与其在将来抱怨孩子不成熟、长不大，不如现在放手，让孩子做一名真正的家庭成员。既然母亲不会因为工作繁忙就放弃照顾家庭，父亲不会因为压力大就放弃工作，那么孩子也可以在高三的时候，或者说人生的任何一个阶段，承担起应尽的家庭责任。

事实上，适当地做家务不仅不会影响孩子的学习，反而会提升他们的能力。做家务能锻炼孩子的动手能力和解决问题的能力，培养他们的自信心，孩子会做的事情越多，自信心就越强，就越乐观。通过做家务，孩子也能懂得父母的辛苦，承担起自己的责任，从而培养起责任心；还可以使身体得到锻炼，让大脑得到充分的休息。

总体来说，高中生的责任心与父母教养方式存在显著相关。在孩子是否参与家庭事务，是否能因此培养起责任心上，父母的态度和做法起到了决定性作用。

孩子的事情让孩子做主

升入高三的小嘉因为上学期在学习上的优异表现，拿到了学校奖学金的特别奖 1000 元，热血都快沸腾了。"一直想买个新的 MP3，现在这个音质都已经模糊了。练练英语听力、路上听听歌都很方便，还可以当 U 盘用。但我不好意思开口跟爸妈要钱，怕他们觉得我浪费。现在有了这笔奖学金，我就可以自己买了。"买一个不贵的 MP3，还可以剩下一点，放进自己的小金库，多一份属于自己的"闲置基金"。

"从小培养孩子的消费理财能力，既可以帮助他们养成不乱花钱的习惯，又有利于他们及早形成独立的生活能力。"

经济上的自主让孩子感到自由，那么其他方面呢？相比较而言，

住校的孩子明显比走读的孩子更具有自主性。因为吃住在学校，他们更早地有了一定的自主支配金钱的权力，一些孩子甚至对自己在学校的全部事务负责。尽管其中有无奈的成分，但是他们接受得并不算勉强，因为相较于一切都听父母的安排，他们更喜欢自己的事情自己做主。

放手让孩子去做

越是成功者，其工作和生活规划越清晰，比如很多作家会给自己的写作设定任务指标。安东尼·特罗洛普每天只写作 3 个小时，但是他要求自己达到每分钟 250 个词的速度，如果在 3 小时结束之前他完成了一部小说，他会立即开始写新的一部；欧内斯特·海明威会在图表上标记他每天完成的字数，那样才"不会自己骗自己"。

想要知道哪些事情可以放手让孩子去做，父母首先可以将家庭日常事务进行整理，挑选出觉得适合孩子做的事情，然后以一周或一月为限，看他完成的效果。可能的话，还可以根据孩子的日常作息来调整时间和内容。

父母要学会接受孩子尽心尽力完成的任务不完美而不要对他们求全责备。听到"你洗碗洗得真干净"和"你今天洗碗之后忘记洗锅了"的心理感受自然是不同的。前者会让孩子拥有满足感和自豪感，能鼓励他下次再做一回成功的工作；而后者带来的感受是：辛辛苦苦做了事，还要被批评，干脆下回就不做了。

在孩子处理家庭事务的时候，父母要能容忍孩子犯错，接受他们不能做得令人满意的事实。要放弃对完美的追求，用鼓励的语气称赞他们付出的努力，用欣赏的态度来看待他们的进步。有错误就耐心指点，千万不要因为他们做得不好就批评他们。

4. 制订家庭发展计划

幸福的家庭少不了对未来的规划，例如在家庭经济支出、家庭活动安排、家庭成员的职业发展、家风的形成这些方面的规划。当然，家庭的发展计划未必都要落到纸上，也未必要常挂嘴边，但是不能不放在心上。每个家庭成员都应该知晓这些计划的内容，并且在自己的实际生活中努力实现它们。

家庭发展计划有长期的，也有短期的；有适用于所有成员的，也有适用于部分成员的；有物质生活方面的，也有精神生活方面的。除非出现意外情况，家庭计划一般要按照既定时间慢慢实现。

制订家庭发展计划应注意以下几点。

——关注孩子高考的同时，也要关心父母的生活。毕竟，夫妻关系才是家庭中最重要的关系。

——父母要工作，孩子要上学，但是对于家庭的责任，每个人都需要分担。

——对于孩子高三时可能会遇到的特殊情况应未雨绸缪，以免事到临头手足无措。

在家庭发展计划的实施过程中也有一些方面需要注意。

其一，所有家庭成员都要了解所有的家庭事务，因此就要保证

协商家庭事务的时候大家都在场，因为缺席协商的人与参加协商的人得到的信息很难完全相同。

其二，合理分配任务，充分发挥每个人的特长、能力。可以把事情交给最合适的人去做，也可以选择挑战性的分配方式，让父母和孩子都能不断有新的体验，无论是成功的体验，还是失败的体验。比如虽然妈妈可以很好地承担买菜、洗衣的任务，但是如果换成爸爸与孩子来做并不一定就做不好。

晚饭后，致君总是喜欢跟爸爸妈妈一起散步，无论冬天夏天，这是从她5岁开始全家人就有的习惯。散步的半小时是一家人谈心闲聊和交流思想的时间，很多家里的大事都是在散步的时候定下最后方案的。不管是让她开心的事还是让她烦恼的事，致君都会跟爸爸妈妈谈起。她觉得这样的交流很轻松，比起在家里正襟危坐的谈话舒服多了。

家庭发展计划中应该有需要父母孩子共同完成的事情。家庭成员彼此的生活内容有所不同，不可能所有的事情都一起做。但是找出几件可以一家人一起做的事并不困难，例如每年一起出去旅游一次，每个周末一起锻炼一次，等等。

回顾与思考

1. 如何打造适合高三孩子的空间？

2. 如何打造适合一家人交流的空间？

3. 如何营造和谐的心理氛围？

4. 为什么要让孩子参与家庭事务？

5. 制订家庭发展计划需要考虑哪些因素？

4

第 四 章

培养孩子健康的情绪

1. 培养孩子的积极情绪

　　那天早上，丽丽醒来才知道闹钟没响，出了门又没赶上要坐的那班车，到学校时已经迟到了，被班主任批评，刚上课又发现数学作业落在了家里。

　　——看到闹钟没响，丽丽松了口气，幸亏今天不是高考，要是那天闹钟坏了可就麻烦了！她赶紧起床打理好个人事务出门了。到了公共汽车站，要坐的那班车刚刚开走，她又松了口气，反正是赶不上了，不如趁机做点什么。一路从家小跑着过来，正好喘口气，看看单词，顺便等下一班车。到了教室，果然迟到了，班主任批评了她。丽丽想：迟到了自然是要被批评的，不是班主任挑毛病，而是他关心学生，负责任才这么做。除了父母，还有谁会这么指出你的错误？她诚恳地向老师道歉，也说明了闹钟突然坏掉的情况，班主任摆摆手让她进了教室。刚一坐下来，打开书包，就发现昨晚做好的数学练习册落在了家里。马上课代表就要收作业了，丽丽迅速找了一张空白作业纸，借了同桌的练习册，抄起上面的题目来，她准备重做作业：不管老师怎么要求，趁着印象还深，今天抽时间再做一遍，就当是自己挤出时间又复习了一遍，考试如果考这几道题，岂不是多了胜算？她不禁为自己的小"聪明"洋洋得意起来。数学老师看到她的作业纸和页首的说明——"老师，请原谅我晚交作业。因为作业落家了，我补做了一份"，不禁笑了起来，不但没批评她丢三落四，反而表扬了她。

丽丽遇到的事情是不是让很多人都感觉很熟悉呢？生活中总会出现这样那样的不如意，不知道大家都是如何对待的。不过，如果都能像丽丽这样思考问题，并及时做出积极的反应，相信很多不如意会有所改变。尽管我们不能阻止所有"坏"事情的发生，但是积极面对会让我们感觉愉快，拓宽我们思维的广度，让我们处于更好的状态当中，更轻松地达成生活中的各种目标。

什么是情绪？它是指个体受到某种刺激后所产生的一种身心激动状态，包括喜怒忧思悲恐惊七种。情绪具有两极性，如愉快和悲伤，爱与恨，在情绪的两极中间存在许多程度上的差别。但无论积极情绪还是消极情绪，对人都会产生一定的影响。情绪的能量也有正负之分，愉快兴奋的情绪让人充满信心，恐惧则会让人感到紧张。

高三孩子的情绪波动大

春夏秋冬，四季轮回，人的情绪也有这样的周期性变化。造成这种周期性变化的原因很多，生理因素就是其中之一。比如，女生在生理期前一周以及生理期，身体会感到不适，如腹胀、便秘、肌肉关节痛、容易疲倦、长粉刺暗疮、胸部胀痛等，也有的女生会显得沮丧、神经质，甚至爱发脾气，医学上把这些称为"经期症候群"。

考试也能让孩子的情绪表现出周期性特点。比如，考前普遍的紧张情绪，考后不知道分数的忐忑焦虑，分数揭晓后的兴奋与沮丧。

高三的考试多，不同科目的考试时间不同，孩子在不同科目的水平也不同，因此容易造成他们情绪的波动。例如，周一考了数学，得了高分，还没来得及高兴，周二的英语就让他失落了，正打算重拾信心，周三的生物成绩继续让他抬不起头来，周四又要考语文了，该怎么办？情绪不平稳，对睡眠、饮食、学习都会产生影响。

小贴士　情绪周期

人的情绪周期一般为五周，也有的人较短或较长。科学研究表明，人的情绪周期是与生俱来的，从出生的第一天开始，一般28天为一个周期，周而复始。每个周期的前一半时间称为"高潮期"，后一半时间称为"低潮期"。由高潮向低潮或由低潮向高潮过渡的时间，称为"临界期"，一般是2至3天。

—— 摘自庞丽娟《做情绪的主人》

高三孩子容易产生消极情绪

高二的时候，小亮几乎没有让课堂测验的成绩影响过情绪，他和父母都更在意期中期末的考试。上高三之后，一切都变了，每天的测试成绩让他的情绪起伏很大。他所在的南方城市，春天的时候雨水很多，以前从没让他觉得有什么不便。但是，到高三后晚上睡得晚，早上便想多睡一会儿。可一碰到雨天，艰难的早高峰交通状况就让他感觉烦躁不安。高三似乎让一切都起了变化。

孩子到高三之后，似乎变得娇气蛮横了，也敏感脆弱了，消极情绪出现的频率普遍高了起来，一点点小事也会引起他们的强烈反应。总体上说，孩子升入高三之后，外界对他们的评价范围渐渐从德智体美劳各个方面收缩为学习这一个方面，学习好一切都好，学习不好一切都不好，这让他们的生活单调乏味，更易滋生不良情绪。

另外，孩子也容易受到消极情绪的感染。老师在教室里批评一个同学，其他人的情绪也低落起来；女生宿舍里，一名女生因为没考好而哭泣，其他人也会觉得悲伤；家里父母吵架，孩子也变得烦躁不安……

宣泄对情绪的稳定有很大的作用，父母应该让孩子找到几种适合自己的宣泄方法，例如：

——倾诉：把心中的压力、不满、苦闷说出来，得到亲朋好友的支持、关怀、理解。

——书写：不愿意对人说，无人可以倾诉的时候，可以写在纸上、写到博客里，把真实的感受写出来，心里就会舒畅很多。写出来的这些东西，想保存就保存，不想保存撕掉、删掉都可以。

——运动：既不愿意说也不愿意写，怎么办？到操场跑几圈，出一身汗，也会让人轻松很多。

  ——哭泣：让消极情绪随着泪水从心里流出去。既然伤心了，该哭就哭，不要压抑自己。

  ——沐浴：洗个热水澡，身体得到了放松，对心理压力也是一种疏解。

把备考当作培养孩子情绪智力的训练场

情绪智力，也就是情商，是指个体监控自己及他人的情绪和情感，并识别、利用这些信息指导自己的思想和行为的能力。

情绪智力对于个体社会适应的意义尤为突出地表现在应对生活中的困难与挫折上。研究表明，学习成绩优秀的学生，情绪智力更高。他们具有较高的管理自己消极情绪的能力，在遭遇挫折的时候，能更积极地寻找解决办法。遇到障碍，每个人都会烦躁、沮丧、忧虑，但是成绩优秀的孩子能不怕失败，静下心来，寻找出路。

学校的考试考查的只是知识，但是，走上社会之后，他们面临的考试很少再以试卷的形式出现，考题也不单纯是知识，形式更多样，难度更大，需要他们有更强大的意志力、忍耐力、独立思考能力、人际交往能力、团队合作能力。情绪智力的培养对他们未来的考试有很大帮助，高考就是一个很好的模拟练习场。如果孩子没有面对知识难题的勇气，就不会有面对生活难题的勇气。父母要努力帮助孩子锻炼自己，克服不良情绪，提高情绪智力。这不仅有利于提高孩子的学习能力，更有利于培养他们的健全人格，有利于促进他们的全面发展。

抓住时机疏导孩子的不良情绪

小苏是寄宿生，每周末回家。第一次月考是周一开考，周三考完。刚考完的时候，她有过激动、兴奋，也有过懊恼、压抑、沮丧、自责……种种情绪纷至沓来。周四、周五老师就把考试内容讲评完了。经过这两天的调试，她心情逐渐平静下来，回到家之后，父母再讨论考试的话题，她就有些心不在焉了。

放凉了的山珍海味，味道也许还比不过饥饿时的粗茶淡饭；小时候再漂亮的衣服，人长大了也穿不上身。在孩子最需要父母的时候，只要父母在他身边，也许什么都不说，他的心情也能得到抚慰；而时过境迁，不管父母说得多在理，孩子也听不进去了。所以，在预见到孩子可能情绪不好的时候，父母就要想办法解决问题。

现代心理学研究发现，人的情绪变化有两个关键时刻，一是早起时，一是晚上睡觉前。如果能把握好这两个关键时刻，稳定孩子的情绪，就更有可能让孩子保持好心情。要帮助孩子控制自己的情绪，建议父母和孩子注意以下几点。

——允许孩子适当宣泄情绪。哭也好，叫也好，笑也好，闹也好，适当发泄无可厚非。

——不苛求完美，理性地看待自己，适当地原谅自己。能力范围之外的难题不勉强自己一定要解开。

——创造并发现身边的美好。早起就在床边发现了一枝美丽的鲜花，心情怎么会不好？

避免把负面情绪传染给孩子

演唱会舞台下，体育场看台上，观众的情绪轻易就能被周围的人和事调动起来。人在激动的时候，容易受到身边其他人的影响，做出自己平时不会做的事情来，或者齐声欢呼，或者捶胸顿足，或者热泪盈眶……研究表明，无论什么情绪都是有传染性的。

也许父母工作了一天十分疲累，也许父母在事业上遭遇了困境特别郁闷，也许父母受了委屈非常难过……但请父母将这些"坏"情绪关在家门之外，整理好心情再面对孩子。

高三的孩子十分敏感，情绪容易受到感染和干扰。一家人生活在一起，任何一个人的情绪都会对其他人造成影响。父母即使不能带给孩子积极的情绪，也至少不要把自己的消极情绪传递给他。这样做并不是让父母小心翼翼地对待孩子，将孩子当成不可碰触的易碎玻璃瓶，但是如果父母一生气就骂人，一难过就哭泣，一发脾气就不做饭不上班，孩子会怎么面对他遇到的难题呢？而且消极情绪一旦彼此传染，就很容易造成家庭氛围的改变，对全家人的身心健康都有不良影响。

2. 帮孩子摆脱情绪困扰

高三孩子的情绪受到多方挑战：渴望自主，却又不能马上实现；希望突破，却又能力不足；学业方面的情绪困扰让他们体验不到成就感，不同类型的人际交往也容易引起他们的情绪波动。另外，孩子的性心理发展也会产生需要特别关注的一些情况。

高三孩子的矛盾心理

渴望独立自主与依赖性强的矛盾

孩子的主体意识和独立意向到了高中已经十分强烈，尤其是高三的孩子，在学校里他们是"老大哥"，这种身份使他们在这方面比高一、高二学生的需求更为强烈，但是他们并不具备必要的知识和能力。这种矛盾让他们产生一种胆怯的心理。一些家长对孩子放任自流，或者只关注学习，对其他方面视而不见。这样会让孩子在生活上习惯于依赖父母，缺乏自理意识和自理能力，形成依赖心理，即使在学习上也不愿意自己动脑动手，而是依赖老师和同学。高三是孩子走向成人的最后一级台阶，之前不会考虑的生存问题现在也成为他们必须思考的部分，内心自然就会产生矛盾。

期待成功与能力不足的矛盾

高三的孩子对成绩的关注度普遍比高一、高二的孩子要高，对成功的渴望也表现得更为迫切。但不是人人都能排在前列，对成功的渴望与自身能力的不足成为一对难以分割的矛盾。

渴望与放弃的矛盾

明明渴望与同学交往，渴望娱乐的时光，但是现实的压力让孩子不得不选择放弃。然而这些内心自然的需求并不会因为现实的放弃而消失得无影无踪。

成才欲望与厌学心理的矛盾

高三的孩子大多对未来充满美好的期待，希望将来能干一番大事业，不辜负老师、家长、亲朋好友的期望。但是实际学习过程中，他们往往感到负担重、学习苦，难以持之以恒，形成了既想学又厌学的矛盾心理。

封闭内心与渴求理解的矛盾

高三的孩子更愿意与同学、朋友讲述自己的真实想法，屏蔽老师、父母或者其他长辈，对他们将心门关闭。他们宁可把真实感受写进日记里，也不愿向长辈倾诉，却又抱怨长辈不理解自己。

让孩子体验到积极的学业情绪

周六上午9点，王旭在家写数学作业，15道选择题，顺利做出来的只有4道；4道填空题只做出了两道；4道大题能做出的只有一道半（有一道题只做出了第一问）。看看时间，150分钟已经过去了。一连几周都是如此，王旭干脆把试卷揉成球，扔到了墙角。晚上7点，王旭打开英语作业，单项选择、完形填空、阅读理解、作文，一项一项做下来，8点半的时候，他顺利地完成了任务。他伸了个懒腰，拿了个水果，轻松地吃了起来。

所谓学业情绪，是指与学业学习、课堂教学和学业成就有直接关系的情绪，如学习时感到愉快，成功时感到骄傲，考试时感到焦虑，等等。学业情绪可以分为4个维度13种情绪，如下表所示：

维度	情绪
积极高唤醒型	高兴、希望、自豪
积极低唤醒型	满足、平静、放松
消极高唤醒型	生气、焦虑、羞怯
消极低唤醒型	厌倦、无助、沮丧、心烦

王旭做数学作业的时候，体验到的绝望和厌倦属于消极低唤醒型情绪；而做英语练习的时候，感受到的愉快、希望、骄傲属于积极高唤醒型情绪。

如果一个孩子学习非常努力，效果却不好，总是体验到消极情

绪，父母该怎么办？

研究发现，学习动机、态度和情感之间的相互作用决定学习成绩的好与坏。积极的学业情绪对开展学习活动有着非常重要的帮助，当学生处于积极的情绪状态时，自然会对学习产生极高的兴趣，从而变得愿意学习、善于学习。

对于一个学习成绩不好的孩子来说，学习上持续体验到的失望、沮丧、愤怒的情绪无疑对他提高学习兴趣、增强学习信心没有半点帮助，反而容易让他陷入情绪的低谷。

因此对父母来说，帮助孩子，尤其是学业成绩不良的孩子体验到学习过程当中的积极情绪是非常有必要的。建议您为孩子制作一张"进步一览表",把他的现在与过去比较,寻找尽可能多可比较的项目,让他发现自己的点滴进步,认识到自己的努力是有回报的。

高三孩子也需要正常的人际交往

——妈,周日下午我跟李娜去看场电影行吗?

——你作业能做完吗?英语复习了吗?下周三就考试了,考完了再去吧。我和你爸陪你去看,好不好?

——……那好吧。

——这周末你表哥结婚,你得写作业,就别去了。我跟你妈去就行。

——我就去说会儿话,不吃饭还不行吗?

——一个来回就得 40 分钟,为说那么几句话,有什么必要?打电话不就行了?我看你就是想偷懒吧!

——……

马斯洛的需要层次理论指出,人有归属和爱的需要。即使是学习紧张的高三阶段,孩子的社会交往需求依然存在,渴求友谊和爱,渴望与他人建立感情联系。

不管是在学校的同性交往、异性交往,或是其他方面的人际交往，高三孩子对情感的需求与其他人没有不同，甚至在沉重的压力下，交往的需求会因为难以得到满足而变得更为强烈。事实上，好些学校都不乏高三学生恋爱的例子，一些孩子完全不理睬来自学校、家庭的压力，甚至做出极端行为来反抗压力，这正是需求受到压抑的表现。

同时，人也有自尊的需要。归属和爱的需要得到满足后，人们会把注意力转向自尊的需要。马斯洛把它分为两种基本类型，一种是感觉自己有能力、有成就的需要，一种是被赞赏、被尊重的需要。自尊的需要不能依靠谎言和自欺来满足，但是如果这种需要得不到满足，人就会产生自卑感和挫折感。

虽然高一、高二建立起来的深厚友情和朦胧倾慕，到了高三很大程度上会被学习上的交流所代替，但这并不代表高三孩子不渴望友情和爱情，也不代表只要学习成绩好他们所有方面的自尊就都得到了满足。父母应警惕孩子因为压力过大而积聚消极情绪，或者因压抑自身情感需求而导致抑郁心理。最重要的是，父母要支持孩子正常的人际交往。

首先，态度上支持、信任孩子，给予他们应有的自由。

其次，对孩子的交往提出明确的要求和原则，例如外出要告知父母明确的地点、时间、对象、内容，要保证自身安全。

最后，努力创造条件，让孩子在人际交往中获得安全感和幸福感，让他们感受到父母的爱。

3. 导致极端情绪的因素

引发极端情绪的因素众多，值得父母关注的有两个：一是习得性无助心理，二是考试焦虑症。

警惕习得性无助心理

1967 年，美国心理学家塞利格曼做了一项经典实验：把狗关在笼子里，信号声响起，就对狗实施电击，但是狗无法逃离。经过多次重复，改变实验条件，在信号声响起之后、实施电击之前，先把笼门打开。但此时，狗不但不逃，反而不等电击，一听到信号声就倒在地上呻吟颤抖。

这就是研究者称作习得性无助的例子。人类与动物相似，都存在习得性无助的现象。例如：一个孩子的英语考试考砸了，这之后的几次英语作业，他做得都很不顺利，一直感到沮丧，久而久之，对任何英语练习他都不愿意尝试，甚至认为自己在英语学习上完全没有能力。更糟糕的是，这种无助感有可能泛化到其他领域，比如认为自己语言学习能力弱、与人交际困难等等。

这并非危言耸听，如果人们在最初的某种不可控情境中认识到自己是无助的，以后遇到类似情境时，就会不做任何努力，直接选择放弃。甚至，人们只要看到其他无助的人，就会感觉到自己的无助。

如果孩子学业成绩不佳，他有没有说过类似下面这些话？

"连 ×× 同学都没有通过考试，我怎么可能比他还厉害？"

"×× 跟我差不多，他也就考了 65，我考 64 就挺好啦！"

"甭想那么多！我本来就考不上，请家教也没用！就冲我们这个破班，我看谁也上不了一本！"

如果孩子说过类似的话，说明这种无助心理已经影响孩子至深，让他对自身存在价值产生了巨大的怀疑。如果父母发现孩子有这方面的倾向，尤其是言语行为中流露出对自己能力的极度怀疑，不管孩子有没有到最严重的情况，父母都得努力帮助孩子调整了。表面上看起来只是学习方面的问题，本质上是心理的问题，这会影响孩子的日常行动，甚至导致他们漠视自己的生命。

多方寻找原因，改善习得性无助心理

有过成功体验的学生能很快克服无助感，而学习成绩长期不好的学生可能需要在其他方面取得好成绩才能证明他也可以取得成功，也有能力结交朋友，有能力掌控自己的生活。孩子是否会陷入习得性无助，与他们是否具有控制力相关。

具有消极认知风格的人倾向于把他们的问题归因为稳定的（持久的）、总体的（普遍的）原因。他们常常对结果做出最坏的预期，相信失败是因为自身的缺点。

研究者发现，虽然人的无助感会泛化，但并不会泛化到每一个任务上。比方说，这次考试得了一个低分，如果归结为自己能力不足，可能导致心情不好，但是如果把原因归结为考题过难，就不会将这种无助感泛化到这门课的学习上，更不会迁移到其他课程的学习中。

所以，父母要做的是发现孩子对自己失败原因的总结，提醒他们不要将学习成绩不好的原因归为单一方面，而应从多方面找原因，比如下面这个表格中列出的因素。

高三上学期考试成绩归因分析表

归因分类	客观因素 （部分可调控）			主观不可调因素	主观可调因素			
具体项目	外在环境	老师	考卷试题	天资能力	努力程度	健康	作息	紧张程度
月考1	考场噪声，没时钟不便安排做题时间	没讲，讲了没练	题难量大		复习不全面		没睡好	前3道容易题全错，后面难题都对了
权重	5%	15%	20%	15%	20%	0	5%	20%
改善办法								

续表

归因分类	客观因素（部分可调控）			主观不可调因素	主观可调因素			
具体项目	外在环境	老师	考卷试题	天资能力	努力程度	健康	作息	紧张程度
期中								
权重								
改善办法								
月考2								
权重								
改善办法								
期末								
权重								
改善办法								

以上表格仅供参考，可以根据孩子具体情况进行调整。但是，不管如何归因，目的都是要仔细分析所有的影响因素，避免孩子将考试成绩不好的原因单一化。

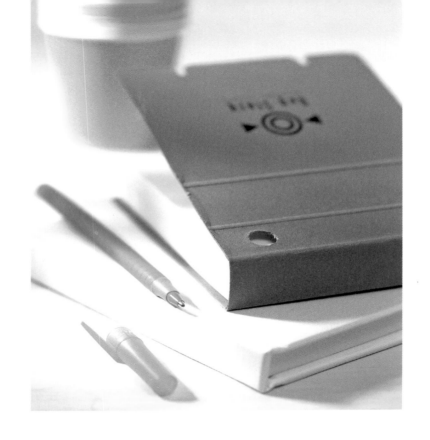

考试焦虑症的若干表现

高三孩子的情绪波动比较厉害的时候，很可能就是要考试的时候。正常的情况下，面对考试有一些紧张是很自然的，而且适度的紧张对孩子的考试发挥是有帮助的，但是过度的紧张对孩子就是不利的。下面是考试焦虑症的一些表现。

考前：无法正常作息，无法进入正常学习状态，学习效果差。或是极度兴奋，或是极度暴躁，或是极度抑郁。

考中：无法集中注意力，大脑一片空白，无论是平时擅长或不擅长的，全都考得一团糟。

考后：一考完就开始惶恐不安，精神极度低迷、绝望，对外界刺激反应缓慢，一味沉浸在自己的世界中。

缓解孩子的紧张压抑情绪

孩子的情绪看不见，只能凭借外在行为来推断，但是父母的情绪却是自己知道的，并且可以控制的。为了缓解孩子的考试焦虑，建议父母从以下几方面着手。

——心态：对于孩子而言，最重要的是成人，成才只是人生目的的一部分。身心健康，具有生存和生活的能力，勇于追求幸福的孩子就是好孩子。学习成绩不是评价孩子的唯一标准。如果父母保持这样的心态，相信孩子的心理健康水平不会太低。

——言语：不要让自己无心的一句话给孩子带来压力，有意识地用言语为孩子减压，多鼓励孩子。

多说下面的话：

"尽力最重要！"

"尽力而为比什么都强！"

"这次考不好，不是还有下次？"

"去沙发上躺会儿，一套卷子做了俩小时，该休息了。脑子得放松点儿学习才有效率。我帮你盯着，15分钟准叫你起来，不耽搁事儿。"

"陪你妈出去走走，学了一下午了。整天不出门怎么行！"

"考不上大学还不兴干别的了？再不济，我也能养得起你们娘儿俩！"

"放松地去考，你平时的成绩在那儿摆着呢，差不了。就算是差了，又能差多少？别老在那儿自己吓唬自己。"

少说下面的话：

"你看你初中的时候不也是班里前几名，怎么现在成最后几名了？是不是在宿舍净玩手机来着？马上考试了还不着急！"

"女儿啊，你再多复习一会儿吧，还不到11点，就别看闲书了。"

"别成天想着手机游戏，多学会儿会有什么坏处？看你将来考不上大学怎么办？"

"我女儿听课也认真，做作业也认真，怎么就没考好呀！唉，是不是要吃点补品，补补脑子？"

"你看刘阿姨的儿子，天天10点就睡了。你学得也挺辛苦，12点才睡，搞得我也没睡好，怎么就比不过人家？"

——行为：保持生活的常态，让孩子觉得高三与其他年级的差别其实没那么大，不要因为孩子的学习或考试打乱家庭生活的节奏。无论时间多紧张，都要保证孩子有一定的娱乐休闲时间，频率低、时间短也没关系，但是不能没有。

4. 树立高三孩子的信心

一个人也许在某件事情上很笨拙，但他却对自己很"自信"，原因是他并不是很在乎这件事情的结果。自信心的核心元素是接受在特定情形下的不同结果，不管这些结果是好是坏。自信心影响孩子的一生。有自信的孩子对未来充满憧憬，没有自信的孩子对前途感到失望。教育孩子，就必须给孩子自信的力量。拥有积极情绪的孩子更自信。

父母的鼓励让孩子更自信

自信心可以通过学习获得，通过行为言语表现出来。自信的表现有：做自己认为正确的事，不在意他人的嘲笑或批评；愿意冒风险努力去获得更好的东西；欣赏自己的错误并且能从中学到很多；轻松接受别人的赞美。而不自信的表现有：根据别人的想法来调整自己的行动；停留在舒适区中，害怕失败，逃避冒险。

某些时候，得到积极的评价有利于自信的树立，因此，孩子的自信心与外界的评价息息相关，而父母作为最了解孩子的人，对孩子能力的判断更为真切，来自父母的鼓励能让孩子更自信。自信并不是狂妄，自强也不是自傲。父母对孩子中肯的评价比恨铁不成钢的斥骂或虚伪的赞美都更有用。

鼓励孩子的注意事项

父母鼓励孩子的时候，要注意：

——看轻结果：只要孩子努力了，就值得鼓励，尽量不要将鼓励与最终的结果关联起来。您的鼓励源于您对孩子努力的认同，源于对孩子的爱，与结果是否令人满意没有必然联系。

——鼓励表达：关注孩子所做的事，以及他们做这些事所能得到的满足感和成就感，引导他们表达积极情绪。

——及时肯定：关注孩子的每一点进步，及时给予肯定，让孩子获得积极的情绪体验，认为自己有能力改变自身，从而建立自信心。

让孩子学会与压力相处

每个人都要承受一定的压力。高三孩子承受的考试压力与他们未来的人生压力相比不值一提，如果不抓住高考这个机会来锻炼他们的承受能力，之后的社会生存压力对他们来说，可能承受起来更

为艰难。一个人如果无法经受考验，就很难感受到世界的美好。

父母的养育、师长的教诲、朋友的关爱，这些似乎生来就有的种种并不是说来就来、说有就有的。如果一遇到困难，就抱怨"他妈妈是老师，数学当然好啦！""她家俩家教呢，能学不好吗？"，是很难学会与压力相处的。

让孩子拥有高成就动机

体育会考男生要跑1000米。大伟每天练习一次，规规矩矩跑1000米，只要成绩一达标他就不练了。志军也是每天练习一次，但是他要求自己在规定时间内完成，而且力争多跑几米。一开始在规定时间内他只能勉强过关，之后能多跑 10 米、20 米、50 米，直到后来能多跑 100 米。最后的考试中，志军达到了优秀水平，而大伟仅仅是及格。

事实上，两个孩子的体能相差无几，起点也差不多，在练习中付出的时间也相同，但是大伟目标太低，不愿付出更多的努力，最后的成绩当然不如以更高标准要求自己的志军。

父母应鼓励高三的孩子在能力范围内定出更高的目标，对他们的好成绩表现出热情。拥有高成就动机，能增强孩子对自己能力的认可，对此，父母要充分表现出对孩子能力的信任，放心地让孩子来主宰自己的学习和生活，鼓励他们努力达成更高的目标。不能过多干预乃至代替孩子做事，也不能放任不管，要在二者之间找到一个平衡点。孩子在通过自己努力达到较高的目标后，自信心更容易建立起来。

矫正过度自信的方法

一个人表现出来的自信与他实际的能力并没有必然一致的关系，有的孩子会过度自信。通过以下三个办法，父母可以帮助孩子矫正过度自信。

——及时反馈：及时清晰的反馈能让孩子意识到自身的不足和

问题，有助于他们正确认识自己。

——分解任务：将复杂的任务分解成若干部分，能使孩子更清楚地认识自己完成任务的能力，从而降低他们对自己能力误判的概率。

——设想误判的原因：使孩子思考更多的信息，认识到自己的判断存在失误的可能，从而对自己的判断进行调整，降低失误率。

回顾与思考

1. 有哪些因素会影响孩子的情绪？如何培养孩子的积极情绪？

2. 高三的孩子都有哪些心理矛盾？

3. 父母应该对高三孩子的人际交往持一种什么态度？

4. 导致极端情绪的两个重要因素是什么？

5. 父母如何帮助孩子树立自信心？

第 五 章

指导孩子的人际交往

1. 建立和谐的亲子关系

孩子从小生长在家庭中，与父母的关系是他们最早建立的人际关系，对他们在家庭之外的人际交往有非常大的影响。孩子性格和心理的形成也与父母的教养方式密切相关。父母应看清家庭中亲子关系的状态，重视教养方式对孩子的影响，从自身做起，不断寻求更好的教养方式，建立和谐的亲子关系。

透过态度看关系

高三的孩子比高一、高二的时候普遍看起来更成熟了，学业更忙，思虑更重，可能更沉默了，不愿意与父母说那么多，父母可以从以下几个方面判断自己与孩子的关系如何。

——称谓：孩子称呼您的时候是高兴的、积极的还是不耐烦的、勉强无奈的？孩子称呼您"爸爸"或"妈妈"，还是不称呼，直接用"你"来交流，或者提起的时候基本用"他"这样的代词来代替？

——距离：您跟孩子对话的时候，他选择的位置距离您多远？孩子跟您之间的距离超过 0.5 米了吗？距离越近，说明彼此情感越近，否则越疏远。可以从吃饭的位置、对话的位置、走路时的间隔（并排还是一前一后）、玩乐时孩子的选择（靠近还是疏远）等来衡量孩子与您的关系。

——对话：时间、频率、谈话内容。您跟孩子经常聊天吗？聊天的时间长吗？聊天的内容单一还是多样？会有"无话可说"的感觉吗？谈话的中断是因为没得说还是其他原因？

——共事：孩子愿意跟您一起做事吗？会主动就基本生活以外的问题向您求助，还是只在需要钱的时候、没干净衣服穿的时候、饿了的时候才主动跟您说话？

做孩子喜爱的父母，善于与孩子沟通

孩子会喜欢什么样的父母呢？不少父母嘴里习惯地说着"别人家孩子"的时候，不知道有没有听孩子提过"别人家父母"。

调查结果显示，孩子心中理想父母的形象有这样几个特征：尊重孩子、积极沟通、善于交际、正义乐群、正视现实、能力强、品德好、有原则。

很多父母以为，在不同的家庭结构中孩子心目中的理想父母形象有差异，事实上并非如此。不管是在健全的家庭中还是在单亲家庭中，孩子对理想父母的形象设定基本相同。

随着孩子的成长，他们对父母的能力、品德等方面的要求在逐渐降低，但是，对相处时父母态度的要求在逐渐提高。

孩子上高三后，更希望父母能尊重、理解、支持自己，希望与父母能进行良性沟通。这个年纪的孩子大多数已经能够体谅父母的不易，对父母的能力、品德不会太苛求，但是沟通不畅、不理解孩子，会让父母的形象在他们心中大打折扣。您如果希望孩子接纳您、亲近您，善于沟通、理解孩子是关键。

周五下午放学后，小宇跟着同学一起去电影院连看了几场电影，半夜才回家。爸爸一直在等他，一进门，迎接他的就是几巴掌。还没等爸爸开口，小宇已经背着书包跑出了家门。

星星的妈妈对她特别关心，知道她高三学习紧张，每天都想着给她做好吃的。星星一回家，"宝贝辛苦了，吃点儿水果吧。"正在做作业的时候，妈妈走过来，"宝贝，喝点儿鸡汤歇一会儿。"过了一会儿，"宝贝，吃块点心？""乖女儿，喝点儿果汁吧。"

小宇爸爸打儿子的方式太暴力，让孩子害怕；星星妈妈爱女儿的方式太甜腻，让孩子厌烦。他们都不善于与高三的孩子沟通。那高三的孩子需要怎样的沟通呢？他们最需要的沟通中包含着平等、尊重、信任与真诚的爱。

——平等与尊重：亲子之间是平等的，需要互相尊重。高高在上的斥骂与低声下气的讨好都不是孩子想要的。

——信任：父母应该坚定不移地相信孩子。不管孩子有什么想法，来自父母的信任与支持永远是他们希望得到的。

——真诚：孩子不需要虚假的赞美，真诚坦率的对待让他们更安心。

——爱：父母需要注意的是给予孩子适度的爱。不要让爱被冷酷包裹，严爱毕竟还是爱；也不要让爱成为对孩子的束缚，太过甜腻的爱会让孩子受不了。

努力成为"权威型"父母

亲子关系会因父母教养方式的不同而存在差异。美国心理学家鲍姆令德认为，根据要求和反应这两个维度，家庭教养方式一般可分为四类：权威型（高要求、高反应）、专制型（高要求、低反应）、溺爱型（低要求、高反应）、忽视型（低要求、低反应）。

一般来说，"权威型"父母多表现出理性、严格、民主、关爱、有耐心的品质。他们对孩子有适当合理的要求，对孩子充满关爱。"权威"既反映父母对孩子的要求，即"权力"，父母具有养育孩子的义务，同时也有教养的权力；又体现孩子对父母的反馈态度，即父母在孩子心目中的"威信"。这样的教养方式有助于孩子养成自信、独立、合作、积极、乐观等美好的品质。"权威型"父母教出来的孩子，思维更活跃，更富有想象力，自控能力更强，有主见而且善于听取他人意见……

"专制型"父母为孩子设定的标准过高，对孩子缺乏热情和关爱，要求孩子无条件服从，对孩子缺乏及时的鼓励和表扬。孩子的

性格中容易有对抗、自卑、焦虑、退缩、依赖等因素，做事优柔寡断，容易抑郁和焦虑，缺乏灵活性和独立思考的能力。

"溺爱型"父母对孩子充满了无尽的期望和爱，无条件地满足孩子的要求，但很少对孩子提出要求。孩子可能变得任性、依赖、冲动、幼稚、自私，做事缺乏恒心，也缺乏创新能力。

"忽视型"父母对孩子比较冷漠，不关心孩子的成长，也不会对孩子提出要求，缺少对孩子的教育和爱。这样教养出来的孩子自控能力差，容易形成消极的生活态度和其他不良心理，如果得不到有效的引导很可能会荒废学业。

事实上，高三孩子感受到的很少会是"忽视"，"专制型"和"溺爱型"更常见，也不乏"权威型"的父母。或者说，父母的教养方式很难说是单纯的某一种类型，更可能是多种类型的综合。但是无论是哪几种类型的综合，如果父母能做到以下几点，无疑对孩子更有利。

——以身作则，坚持基本原则，严格要求自己，注意自身言行。

——对孩子的要求父母态度要一致，且与孩子的实际情况相符。

——不因为孩子的成功或失败轻易改变对孩子的关爱态度。

——倾听孩子的心声，及时给予他们需要的帮助。

——关爱孩子，不干涉孩子的权利和自由。

避免与孩子交流的禁忌语

每次考试之后，美丽的家里就会爆发"战争"，爸爸妈妈为美丽的前途着急，但是美丽很不能接受他们的态度。难道自己就不想考得好一些？难道自己就没有努力吗？努力了这么久，没有获得预期的效果，自己就不伤心吗？为什么爸爸妈妈就不能理解自己？永远都是那几句责骂："你这孩子，到底是怎么搞的？""你认真听课了吗？是不是又上课溜号了！""考不上大学，我看你将来怎么办！""连个单词也背不会，你说你还能干什么！"

爸爸妈妈的心里也很委屈：省吃俭用让美丽上了补习班，也请了私人辅导，可是她的成绩就是上不去。数学学不会，单词记不住，作文写不好，这孩子到底有没有把爸爸妈妈的付出放在心上？将来还是要靠她自己的能力的，现在就这样了，将来要怎么办呢？骂她还不是为了她好吗？

没有人喜欢被责备，即使责备里包含着关心。责备的背后是失望、不满、恼怒、气愤这些消极情绪，让孩子感受到的是不理解和疏离感。高三的孩子情绪本已紧张敏感，责备的话不但不能减轻他们的压力，反而会加重他们的心理危机感。可以尝试换一种说法，让自己的言语进入孩子的内心，下面是一些例子：

"我说这么多，可都是为你好，你这孩子怎么不听话呢？"
（"妈妈说的话，希望你能好好考虑一下。"）
"老子吃过的盐比你吃过的米还多，你知道什么呀，就敢自己做主？！"
（"你的想法有你的理由，但是你还是需要听听爸爸的意见，毕竟我的经历比你丰富一些，有可能你没想到的地方我想到了。"）
"你抓点儿紧哪，别慢慢悠悠的，时间不等人！"
（"剩下的时间不多，更要好好利用，有计划，好好执行，效果不会差的。"）
"你说你是不是傻，这样的题还能错？"
（"妈妈知道你尽力了，会做的题做错了多可惜，下次真的要注意了呀！”）

对孩子的爱要以恰当的方式表达，让孩子感受到；对孩子的关心要让孩子接受，而不是抗拒；对孩子成长的指导要有方法和技巧，而不是只关注动机，忽视效果。要让孩子觉得您是他最大的依靠、最有力的支撑、最坚强的后盾。

感受游戏的力量

您跟孩子比赛过包饺子吗？打过扑克吗？玩过八字绳吗？在游戏机上 PK 过吗？一起看过球赛吗？……很多父母在孩子小时候都陪孩子玩过搭积木等游戏，但是随着孩子的成长，他们都渐渐将这样的游戏摒弃了。他们忘了，无论什么年纪，游戏对人都是有吸引力的，游戏带来的轻松愉悦是难以言喻的。

游戏可以用令人意想不到的效果解决一些具体的麻烦，更可以用孩子容易吸收的方式为他们提供营养，这是游戏永不失灵的秘诀。游戏里集结了父母的智慧、力量和热情。游戏的重点不是方法，而是态度，是愿意和孩子一起面对的态度。高三的父母要意识到，孩子一旦高中毕业，或者去上大学，或者去做别的行当，就意味着一家人一起游戏的时光告一个段落了，很难再有机会一起做一个游戏。因此，接受孩子的邀请或者邀请孩子一起做游戏吧。

建议父母：

——利用生活中的休闲时间，开展亲子游戏，既怡情养性又缓解压力，达到"润物细无声"的效果。

——积极主动地去营造快乐的氛围，尽力邀请孩子参与，但不要强求。

——不要因为孩子对您邀请的偶尔拒绝而轻易放弃。

——游戏的时间不宜过长，但可以增加次数。

与孩子分享彼此的生活

很多父母认为自己对孩子的关心就表现在除了学习外，孩子不需要为家里任何人任何事操一点儿心，这种保护的态度让孩子生活在自己的"气泡"里，但气泡迟早会破，并不是每个孩子在气泡破碎后都能自如地与外界和谐相处；而且，父母往往更倾向于认为自己应该了解孩子的一切，而孩子则不必了解父母的一切。

事实上，交流是相互的。自我表露（当人们把有关自己的私密信息展示给另一个人时，他们就在进行自我表露）对个人健康成长和快乐生活非常重要。尽管现实生活中，一些父母对孩子隐瞒自己的情况，孩子也对父母隐瞒自己的遭遇，但不是所有的高三孩子都不愿意与父母分享自己的学习、生活。如果父母习惯于向他们讲述自己的感受，他们自然也就会慢慢喜欢上向父母讲述、倾诉。无论是父母的工作还是孩子的学习，都有喜怒哀乐在其中，互相分享会让彼此关系更加亲密。

自我表露会带来吸引力和信任感，当别人把信息表露给我们的时候，我们就会被他们吸引，对他们产生信任感。父母和孩子关系的和谐基于对彼此的关注，对彼此生活的了解，对彼此的爱。当父母和孩子彼此表露情感，并收到对方的积极回应时，亲密程度自然就在增强。

　　父母可以：

　　——与孩子分享自己的成长故事和体验、感受、心得。

　　——与孩子分享自己的工作日常，引导孩子倾诉烦恼，宣泄消极情绪。

　　——与孩子设想美好未来，鼓励他积极努力，为自己的理想不懈奋斗。

　　——与孩子谈论时闻逸事，放松孩子的心情。

　　——谈话可长可短，时间、地点尽量随性自然。

　　——对孩子的某些观点，不要急于评判否定，而应循序渐进地引导。

2. 引导孩子与师长沟通

高三的生活中，除了吃饭、睡觉，孩子的大部分时间在学校度过，老师、同学是他们接触最多的人。但是我们发现，除了听课，很多孩子不怎么会跟老师打交道，也不太情愿与老师沟通。而在家中，与老人交流时，一些孩子的表现也显得不自然，过分羞涩，过分疏离。无论他们是否考上大学，毕业后都要面临与人交际这个问题，交际能力须培养，而与师长的沟通，是学生阶段培养交际能力的重要途径。

孩子不爱请教老师有原因

明明高三了，学习上很努力，但是成绩一直没有提高，甚至有下降的趋势。她和爸爸妈妈都很着急。她一再催着爸妈给自己找辅导老师，但是上课时间的问题、费用的问题、辅导效果的问题让爸妈有些犹豫。期中考试家长会后，明明的妈妈跟老师聊了聊，回家问女儿："你们老师说了，各科每天中午和下午都有自由答疑时间，那么多老师都在办公室，只要有问题，问谁都行。现在高三了，只要你们去问，老师们都很高兴。他说从来没见你去过，怎么回事呀？"

其实，在学校里，像明明这样的情况并不少见。总有些孩子不愿意与老师亲近，除了听课，他们甚至可以做到除非老师主动询问，否则不跟任何老师说话。之所以这样，常见的原因有：

——羞怯：不好意思主动与人交往，包括老师。

——爱面子：觉得自己有疑问而别人没有，是件丢面子的事情。

——害怕：成绩差，害怕被老师责备。

——不信任：对老师的能力有怀疑。

父母要确定孩子不愿与老师交流的原因，对症下药，让师生之间的沟通变得正常自然。

教导孩子真诚、直接、有礼貌地向老师求教

老师的辅导答疑对孩子来说十分宝贵，善于利用这个机会的孩子不但能及时解决学习上的问题，而且能让老师更了解自己。到了大学，或是工作之后，这类与老师、前辈的交流还将继续存在，孩子在中学阶段的经验有助于他们在以后的人际交往中更自信。

无论是不是认识的老师，都可以和他们交流。交流的时候，要明确目的、敢于张口、礼貌对答。

——礼貌称呼："李老师，您好！""李老师好！""您好！"

——征得允许："请问您有空吗？""可以打扰您一会儿吗？"

——提出请求：征得允许后，直截了当地提出请求，"我有个问题……""我想请您为我讲讲……"

——倾听提问：认真倾听，有疑问可以继续提出，"老师，我这里还有不清楚的地方，您能再说说吗？……"

孩子不愿亲近祖辈有缘由

——刘强，给姥姥打个电话，这周末咱们不去姥姥家了，你跟姥姥说一声。

——我不打，你打吧。我跟她说不清。

—— ……

刘强不愿意跟祖辈通话，觉得跟他们"说不清"，尽管这可能是个借口，但不愿跟祖辈交流的情况并不少见。其实，不管谁家有个高三的孩子，往往都会成为大家关注的对象，亲戚朋友的种种询问随之而来。但是，对孩子来说，这种关注与关心在某种程度上却是一种负担。中国已经进入老龄化社会，由于代际差距，祖孙两代的生活经常没有交集，对休闲活动的定义和爱好也不一致，如果祖辈对孩子喜欢的事物不感兴趣，孩子也没有了解祖辈生活的意愿，那么双方就会缺乏共同话题，情感交流也会变得苍白无力。观念的差别、生活内容与节奏的不同、生活习惯的差异都可能让孩子从不会跟祖辈交流发展为不愿跟祖辈交流。

创造隔代亲近的机会

中国古代即有"老吾老以及人之老"的思想，孩子与祖辈的正常交流不仅仅表现了敬老爱老的道德传统，对孩子来说，学习与不同年龄、不同思想观念的长辈沟通，锻炼的是他们的耐心和品性。人都会衰老，对于祖辈人来说，主动积极地跟上新时代的发展往往有各种困难，这与他们的健康状态、生活条件、教育水平等等都有关系，不可强求。研究表明，隔代教育中祖辈的学习心态更多表现为被动的、消极的，引导良性交流的主体还是孩子。

家庭内部的祖孙交流对孩子的社会交际有帮助作用。父母应尽可能创造隔代亲近的机会，家庭聚会就是比较好的选择。

3 指导孩子与同辈交流

对高三的孩子来说，与同辈的交往是他们备考过程中非常重要的内容。无论是学习伙伴，还是其他同性或异性朋友，乃至虚拟世界中的朋友，都是他们渴望得到的。

鼓励孩子将好朋友发展为好学伴

——妈，我跟娜娜约好了今天一起复习历史和语文，她下午来咱家。3个小时准能复习完！

——好啊！别瞎聊天就行，我给你们准备好吃的。

——不会的。她的历史不如我，我的语文比她差点，我们俩互相学习。

——那太好了！

学习伙伴对于高三的孩子来说是不可或缺的。找到一名或几名合适的学习伙伴，对孩子的成绩提高十分有帮助。而到了大学，学习伙伴更重要了。相对于高中，在大学里，老师和学生之间的交流更少，而"学伴"的存在可以弥补师生交流的不足。在同一目标的激励下，伙伴之间的互助可以达到"1 + 1 > 2"的效果。合作学习过程中，每个成员都必须积极参与到学习活动中，否则合作就不存在了。在集思广益的情况下，困难往往更容易解决。

合作学习是同学之间彼此交流知识的过程，也是互爱互助、沟通感情的过程。相对于单独学习，在与伙伴的交流中，学习的氛围更浓厚，彼此之间既有合作又有竞争。孩子会更投入，更愿意主动发掘自己的潜能。学习积极性高了，学习效率自然就高了。

合作学习的过程中，孩子有机会发表自己的看法，也会注意倾听、理解他人的意见，这会提高他们对学习的兴趣，最终达到使他们爱学、会学、乐学的目标。

对于高三孩子来说，"时间就是金钱"一点儿也不为过。与其四处寻找学习伙伴，增加社交的时间成本，不如将好朋友发展为自己的学习伙伴。有了朋友关系的基础，建立合作学习的关系会相对容易得多。对孩子和父母来说，需要摒除过多考虑孩子成绩差距的想法。举例来说：

A 比 B 成绩差的情况下，A 可以获得 B 的帮助，但是在帮助 A 的过程中，B 对知识的理解更深入，所谓"教学相长"即是如此。B 在做"小老师"的同时，也能检验自己对知识的掌握情况，使自己的优势得到发挥，劣势得到弥补。

A 和 B 成绩差不多，要么学科优劣势完全一致，要么有所不同。前者很难遇见；而在学科优劣势不同的情况下，双方就可以取对方之长，补自己之短。

在合作学习的过程中，父母应教导孩子不必因一时的落后而嫉妒、烦躁，也不必因为自己比学伴领先而沾沾自喜。孩子之间的交往应该真诚、友善，彼此信任，互相帮助，要学会管理自己的情绪，主动交流，共同探讨有效的学习方法，取长补短，这样，既巩固了友谊，又提高了成绩。即使对方成绩较差，也不能让自己高高在上，要尽量看到对方的长处。父母要努力为孩子的合作学习安排合适的地点，创造和谐的氛围。

教导孩子珍惜新老朋友

高一时，由于很多同学来自不同的初中，彼此之间的熟悉需要一个过程，而大部分学校在高二进行文理分科，涉及分班的问题，文理科学生的交流受到一定限制。到了高三，经过至少两年的磨合，孩子的生理和心理也趋于成熟与稳定，大部分孩子的朋友圈就相对固定了。

孩子上高中后，渐渐摆脱初中阶段和异性交流时的紧张心态，慢慢地能自然大方地和异性交往。如果把与异性交往看作正常的同学交往，就不会有什么困扰了。

到高三，每个孩子都不得不开始思考自己未来的人生道路，迷惘、烦躁、忧虑时，他们会自然而然地向知心好友倾诉自己的苦闷。面对高考的压力，只有共同经历过的同学才能深刻地理解，产生共鸣；而且，面对共同的压力与挑战，"共患难"的感觉也会让彼此之间的友谊渐渐加深。类似的性格、共同的兴趣爱好，甚至近似的苦恼，因为这些，彼此之间的理解才更深刻。很自然，经过这样筛选的朋友不仅更能"交心"，也往往更经得住考验，有可能发展成一辈子的朋友。

有首歌唱得好："千里难寻是朋友，朋友多了路好走……结识新朋友，不忘老朋友，多少新朋友变成老朋友……"人无论在什么时候，都需要交朋友，高三也不例外。虽然在很多父母看来，高三的孩子似乎没有什么必要再认识新朋友，全副精力放在高考上就行了。但是，高三虽然在大家看来是特殊时期，但其他时候也自有其特殊性。如果说因为高三忙，无暇认识新朋友，那么刚到一个新环境，周围太陌生，不好结交新朋友；要毕业了，忙着找工作，更没必要交新朋友了；在一个环境中待得久了，彼此太熟悉，用不着再交朋友了……如此看来，孩子一生都不需要朋友了。这样的想法显然是有问题的。老朋友不能忘，新朋友也要交。高中阶段的朋友关系维系得好的话，很可能就是一辈子的朋友了。父母要教导孩子学会珍惜新老朋友，努力做到以下几个方面。

——对待朋友要真诚：一个"假"字会毁掉一段友谊。

——尊重、信任、互助：这也可以说是"与人为善"的具体阐释。

——言语行为有分寸：好朋友之间也应有"安全距离"，不可靠得太近。

——正确看待争吵：好朋友也会吵架，隐瞒真实想法不如沟通解决。

——发展共同兴趣：共同的兴趣爱好让彼此关系更密切。

——常联系：物理距离一定程度上会影响到心理距离。

学会与朋友相处，学会解决朋友之间的矛盾冲突，是人生的必修课。学好了这些，孩子日后才能更好地与人相处。

理智看待高三的"爱情"

　　这段时间以来我一直很郁闷。我喜欢一个女孩好长时间了，我们是朋友，还在同一个班。我总喜欢时不时地朝她坐的位子看上几眼，看到她对我笑时，我好像就是全世界最幸福的人。我没有直接告诉她，一是害怕会失去她，二是我们6月份就要高考了，我害怕会耽误她的学习，如果她因为我考不上的话，我这辈子都不会原谅自己的。

　　我知道在这个关键时期不应该这样，但闷在心里真的好难受。我们的学习非常紧张辛苦，每周只休息半天，我不要求别的，只希望她能陪我出来散散心。我学习不太好，有时学着有劲，感觉成功就在面前；有时学着学着就不想学了，感到前途渺茫，真希望能有一个人经常提醒我鼓励我。

　　我看过一篇文章，写两个彼此喜欢的男孩女孩互相关心、照顾、鼓励，一起考上了大学。我真的好感动！她是个通情达理、心地善良的女孩，不知我和她能否像文章中的男孩女孩一样。我不能再这么一直郁闷了，我不想放弃前途，但更不愿错过她，毕竟可能每个人一生只有一次真爱，帮帮我好吗？

　　　　　　　　　　　——摘自 2007 年 4 月 22 日《中国青年报》

　　这是一个高三的孩子陷入恋爱后发出的求助信，不像很多父母或老师所想的那样——孩子不顾前途，只想爱情。高三孩子的恋爱让他们感受到的更多是矛盾与不安——能否两情相悦？会不会影响彼此的前途？

一般来说，高三孩子会"突然"谈恋爱，排除个别用谈恋爱的方式来缓解紧张情绪外，大部分孩子更愿意相信自己是真的喜欢对方，所以才会产生爱情。这样的心理并不难理解。按照高三孩子的生理心理发展状况，对异性产生好感是很正常的事情，他们关注异性，喜欢亲近异性，容易产生爱慕的情感，这是一种本能。

尤其是当孩子处在压力之下，产生了强烈的倾诉欲望，需要宣泄的突破口时，来自异性的安慰与理解会让他们感觉到被接纳，而在马斯洛的需求层次理论中，这是人正常的需求。因此，朦胧的爱情产生了。之所以说朦胧，是因为这时候的爱情与成年人的爱情目的有差别，很多孩子仅仅是在"有好感"的前提下交往起来的，关系比较脆弱，距离相伴一生的爱情相当遥远，一毕业就分手的情况屡见不鲜。

与其说孩子在恋爱，不如说是他们在苦海中挣扎的时候，无意间尝到了水草的味道，相较于苦涩的海水，这水草的味道好似一颗蜜糖，尽管它被含得久了，将来也许能酝酿出蜜糖的味道，但当下它一定还不是。孩子一边含着水草，一边向前滑行，嘴里的苦涩少了，但心里还会担心会不会被水草缠绕得无法摆动手脚。

另外，对于积极进取的孩子来说，高三的"爱情"对男孩和女孩有不一样的作用，对男孩更多的是一种压力，对女孩更多的反而是一种动力。爱面子的男孩子会觉得自己必须进步更大才好，而女孩子反而放下了包袱，因为成绩不好更能得到关心。

"我觉得高三的学生自控能力差，很难把爱情转化为学习的动力。高三是很重要的一年，要以学习为重。但是自从上了高三，我发现身边出现了好多对儿，连平常觉得最不可能在一起的也凑在一起了。我身边一个同学说：'上高中没谈恋爱，多遗憾！'我觉得他们有时就跟做游戏似的。"正在上高三的小辉同学这样说。

　　小叶是一名正在复读的高三学生，她说："去年高三的时候，我经历了一场历时3个月的爱情，直到高考失败，才让我们从梦里惊醒，这件事情令我刻骨铭心。随着高考的落榜，我们之间再没有了联系，这场所谓的爱情，我什么也没有收获，除了内心的伤痛，还是伤痛。虽然高三的我们有恋爱的权利，但是没有恋爱的资本。因为高三真的太年轻了，爱情对于我们来说太遥远，我们承诺不了未来，我们承担不起责任，我们只是刚刚长大的孩子。现在想起来真的很后悔，那一年里我都没好好学习，现在回过头来要非常吃力地重新补基础。"

——摘自 2009 年 10 月 10 日《今晚报》

　　如果发现孩子有谈恋爱的苗头，建议父母注意以下几个方面。

　　切忌使用质问的语气，毕竟高三谈恋爱的孩子还是少数。

　　努力营造温馨的家庭氛围，给孩子提供一个民主的家庭环境，让孩子愿意向父母倾诉情感困扰。积极与孩子进行情感交流，在沟通中培养彼此间的信任，在彼此信任的基础上协商订立规则和界限，让孩子拥有新的学习动力。

发展为"恋情"的异性交往会让孩子产生矛盾的心理：确定恋爱关系后虽然欢喜甜蜜，但是紧张的学业压力会带来困扰。父母要建议孩子以正常的同学、朋友关系来相互关心，相互帮助，真正做到取长补短，共同进步。

为孩子的网络社交设定规则

青山上高三了，每天回家的第一件事就是拿起手机，在微信群里浏览一番，偶尔也发声或留言。群里这个说两句，那个说两句，也许跟学习有关，也许跟学习无关，一不留神，半小时就过去了。家里老是上演这样的对话：

妈妈："别老看手机了，赶紧来吃饭，还得写作业呢！"

青山："知道了，我在学校也没玩啊，这不就是回家才聊一会儿嘛。"

很多父母认为手机对高三孩子带来的全是负面作用，的确，手机让孩子的健康、学业都受到一定的影响，但是，作为当今最普遍的通信工具，其作用不可忽视。手机、网络提供的虚拟交流平台对孩子并不只有弊，也是有利的。

手机、网络的迅速发展让虚拟世界的人际交往更为便捷，也使其成为现代社会人们交际生活中不可缺少的一部分。游戏也好，微博、QQ、微信也罢，孩子可以用于结交新朋友，同时更有利的是维

系现实世界的人际关系，虚拟世界可以成为现实世界新的分支，虚拟世界的互动可以成为现实互动的延续。虚拟世界里的个体形象与现实世界里的个体形象都是真实的，综合起来才反映个体全面的情况。因此，虚拟世界的人际交往必然成为每个人生活的一部分，当然也包括高三的孩子。

虽然说孩子的网络交友是一堂必修课，但不是每个孩子都能顺利通过考试。有的孩子学习受到了影响，也有的孩子因为沉溺网络变得怯懦孤独，乃至焦虑抑郁。社交网络上有不少不良亚文化，影响孩子的价值观和道德观。一些信息及话题本身缺乏文化性，没有深度，甚至片面偏颇，会影响孩子的价值判断。

但是，高三孩子又需要使用网络工具来与人交流，这是现代社会对公民的普遍要求。生活上如此，学习、工作中也莫不如此。这时候需要父母为孩子的网络人际交往设定一些规则，比如：

——具有自我保护意识，懂得保护信息安全、财产安全等。

——认识网络交友的两面性，懂得趋利避害。

——遵守网络规则，遵守道德和法律。

——提高自身辨别能力，抵抗诱惑。

——自尊自爱，对人真诚有礼。

——对陌生人不轻信、不轻诺。

思考与回顾

1.您觉得您和孩子的关系如何？怎么拉近你们的关系？

2.孩子喜爱什么样的父母？怎么成为这样的父母？

3.亲子交流中哪些话不能说？

4.怎样让孩子亲近老师？怎样让孩子亲近爷爷奶奶、姥姥姥爷？

5.怎么对待高三孩子的"爱情"？

6.应该为孩子的虚拟社交定一些什么规则？

6

第 六 章

重视道德与法制教育

1. 重视道德教育

君子是德才兼备的人。古人将"德"放在"才"之前，而今"品学兼优"也将"品"放在"学"之前，人品道德是衡量一个人的重要标准。然而，"十年树木，百年树人"，品德的培养并不能一蹴而就。家庭教育的熏陶、学校教育的引领、社会教育的影响都会对个人的品德修养起到一定的作用。

在生活实践中用秩序道德观要求孩子

传统中国的道德观是一种贤人式的道德观，它以"人人皆可为尧舜"的性善论为前提，其道德追求和道德目标是舍己为人、舍生取义。某种程度上，这是对人的奢求、苛求。在当今社会，贤人道德观不再是社会的普遍观念，社会要求的是一种"秩序"上的道德观，追求的是"底线道德"（或"道德基准线"）；要求人人在不损害他人利益的条件下，追求自己生活意愿的满足，并在权利义务平等的基础上履行个人应尽的义务。人们不再强制推行道德理想，也不再被动接受道德理想。

道德教育不是万能的，我们应"有所为、有所不为"。我们不能让每个孩子从来都不犯错，但是我们要让他们在犯错之后真诚认错，努力改正。不是每个孩子最终都能成为道德高尚的人，但是我们要教育孩子在日常生活中遵守规则，不突破道德底线，培养他们对公平正义的追求，堂堂正正做人。

　　美国教育学家杜威认为，如果不能协调好道德教育和社会生活的关系，那么，即使把道德的目的看作教育最终的目的，也无济于道德的提升。而协调这种关系的根本途径，就是让学生参与各种社会活动，因为人的道德品质主要是在活动和交往中形成的。杜威强调实践活动在人的发展中的作用，即"在做中学"的思想。道德教育作为一种人格的、生命的教育，不能把它从生活中抽离出来，也不能把它从其他各种教育中抽离出来。道德不仅仅是一种观念性的东西，而且应该付之于实践，应该体现在人们日常生活的各个方面和各项活动中，成为一切活动的出发点。

以身作则，树立良好家风

　　我父亲凝重有威，我们孩子都怕他，尽管他从不打骂……我们怕虽怕，却和父亲很亲近……

　　我在高中还不会辨平仄声。父亲说，不要紧，到时候自然会懂。有一天我果然四声都能分辨了，父亲晚上常踱过廊前，敲窗考我某字什么声。我考对了他高兴而笑，考倒了他也高兴而笑。父亲的教育理论是孔子的"大叩则大鸣，小叩则小鸣"。我对什么书表示兴趣，父亲就把那部书放在我书桌上，有时他得爬梯到书橱高处去拿；假如我长期不读，那部书就不见了——这就等于谴责。父亲为我买的书多半是诗词小说，都是我喜爱的。

对有些事父亲却严厉得很。我十六岁，正念高中。那时北伐已经胜利，学生运动很多，常要游行、开群众大会等。一次学生会要各校学生上街宣传——摄一条板凳，站上向街上行人演讲。我也被推选去宣传。可是我十六岁看来只像十四岁，一着急就涨红了脸。当时苏州风气闭塞，街上的轻薄人很会欺负女孩子。如果我站上板凳，他们只准会看猴儿似的拢上来看，甚至还会耍猴儿。我料想不会有人好好儿听。学校里有些古板人家的"小姐"，只要说"家里不赞成"，就能豁免一切开会、游行、当代表等等。我周末回家就向父亲求救，问能不能也说"家里不赞成"。父亲一口拒绝。他说："你不肯，就别去，不用借爸爸来挡。"我说："不行啊，少数得服从多数呀。"父亲说："该服从的就服从；你有理，也可以说。去不去在你。"

——摘自杨绛《回忆我的父亲》

与时下流行的"虎妈""狼爸"相比，杨绛的父亲显然是宽容的，孩子读高中时还不会辨平仄声，父亲的反应是"不要紧"；考查孩子学习，考对了他高兴而笑，考倒了他也高兴而笑。父亲的教育理论是孔子的"大叩则大鸣，小叩则小鸣"，杨绛的"天眼"，大概就是这样被父亲的手指叩开的。但同时，父亲在为人处世方面却有自己的

坚持，他不世故、不圆滑，教孩子学会对自己不喜欢干的事说"不"。老一辈知识分子家庭的文化涵养以及父亲所给予的开明教育，奠定了杨绛一生为人为文的基础。

家风，就是一个家庭或家族的传统风尚。家庭是孩子成长的第一课堂，父母既是孩子的第一任老师，更是孩子一生的老师。父母的一言一行无时无刻不在深刻影响着孩子的道德发展，树立良好家风有助于孩子在家庭氛围中获得有益的熏陶。

高三孩子道德教育的重心在于提高他们的自制力

失踪近 3 天的 18 岁高三学生阿龙终于被找到了。阿龙 11 月 6

日上午在大学城某网吧玩了一个小时游戏后出走，而他的出走原因竟是为逃避沉迷网游造成的心理压力。"他也知道自己玩游戏不对，但一直戒不了，很纠结。"阿龙父亲说。

——摘自 2016 年 11 月 10 日《广州日报》，有改动

高三孩子的品德发展进入了以自律为形式、遵守道德准则、运用信念来调节行为的成熟阶段，高三也是他们走向独立生活的时期。这个阶段的任务是形成道德观念，发展进取开拓的精神。要完成这个任务，提升孩子的自制力迫在眉睫。

新闻中的阿龙明明知道自己沉迷游戏是不对的，但是缺乏控制自己的能力，因此，他必须借助外力来解决问题。以摆脱网络沉迷为例，父母可考虑以下几种做法。

——确立意识：自制力很难迅速养成，所以要放弃快速解决问题的想法；简单粗暴的高压手段不能从根本上解决问题。

——纾解压力：很多孩子会因为不能控制自己而产生罪恶感与愧疚感，父母应帮助孩子消解这些情绪。

——专时专用：使孩子的生活规律化、条理化、丰富化，转移注意力，逐步减少上网的时间。

——爱的力量：寻求老师、同学、亲友的帮助，让孩子感受到来自他们的爱，积极努力地配合父母摆脱网络沉迷。

——培养信心：找到孩子擅长的方面，鼓励他表现出自己的能力。

2. 抓好法制教育

高三学生司某经常被母亲打骂，得知父亲为给奶奶报销住院费用向母亲索要户口本被拒时，司某十分生气。2014年3月13日，他残忍地将母亲杀害，并在事后制造了母亲外出的假象，随后又将母亲尸体装进事先准备好的塑料编织袋里计划抛弃到野外。《中华人民共和国刑法》规定：已满十六周岁的人犯罪，应当负刑事责任。

自20世纪80年代起，我国青少年犯罪问题越来越严重，成为一个社会问题，引起社会各界普遍关注。对青少年犯罪心理和行为的研究已经成为心理学家、犯罪行为学家、特殊教育专家共同关注的课题。

孩子的法制观念受到父母影响

尽管孩子的法制观念不仅来自家庭，还来自学校和社会，但实际上，孩子从小就生活在父母的影响之下，父母的法制观念会很自然地迁移到他们身上，对他们法律意识的养成起到关键作用。所以，父母必须给孩子做出最好的表率，争取做到以下几个方面。

——加强自身法制观念，知法守法。

——了解相关法律法规，如《刑法》《民法》《婚姻法》《未成年人保护法》《预防未成年人犯罪法》《道路安全交通法》等。

——树立用法律武器保护自己权益的观念。

高三尤其要重视法制教育

没有哪个孩子不希望自己跑在人前，但是现实决定了总会有人落后于人。一些孩子高一、高二的时候还浑浑噩噩地混日子，到了高三才开始紧张起来。前途在哪里？对未来的迷惘让他们手足无措。可实际的学业情况又无法让他们奇迹般地迎头赶上，破罐子破摔的情况自然就出现了。因此，高三尤其要重视法制教育。如果这个时候父母还不重视法制教育，还采取非权威型教养方式（见第五章），孩子便容易从违规违纪而误入违法的歧途。

心理学研究表明，当孩子发现父母品行不良时，自尊心会受到伤害，心里会蒙上阴影，产生沮丧、怨恨、烦恼和自卑等心理。这些消极的心理会使他们厌恶集体、厌恶家庭，一旦接触了坏朋友或不良思想，特别容易走上歧途。另外，父母自身不正就容易丧失在孩子心目中的威信，无法有效地管教孩子，孩子就容易不信任父母，也容易产生虚伪自私等不良品质。

挫折是导致孩子攻击性行为的主要因素

2015年12月4日上午8时许，邵东某中学高三班主任滕某，在办公室约谈学生龙某及其父母时，被龙某持水果刀杀害。据当地知情人士介绍，嫌疑人龙某因考试成绩不理想，被班主任叫来了父母，案发当时，班主任正在学校办公室做思想工作。多名同学介绍，龙某成绩中等，此次班主任找龙某谈话，是因为上次月考时，龙某故意不写试卷，交了白卷。3日晚，有两科成绩出炉，龙某只得了7分和9分。"这类情况在尖子班很少见，龙某平日的成绩均在全班中上游水平，明显是学习状况出了问题。"有老师对龙某的成绩表示震惊，"老滕说，他（龙某）这是没认真，认真起来重点大学稳得住，就算不认真也能考二本。"有网友质疑滕老师作为尖子班的班主任，是否平时给学生们的压力比较大，致使龙某这样的学生产生了逆反心理。昨日，多名受访的学生均对《新京报》记者否定了上述说法，他们称："滕老师人很好，虽是高三班，但是未给同学很大的压力。"

——摘自2015年12月5日《新京报》，有改动

社会心理学家把攻击行为定义为意图伤害他人的身体行为或言语行为。攻击行为分为敌意性行为和工具性行为两种。前者由愤怒引起，以伤害为目的，谋杀大多属于此类。后者只是把伤害作为达到其他目的的一种手段，大多数恐怖活动、战争属于此类。

对敌意性行为的解释中，挫折—攻击理论认为"挫折"指的是

任何阻碍我们实现目标的事物。当我们达到一个目标的动机非常强烈，当我们预期得到满意的结果，却在行动过程中遇到阻碍时，挫折便产生了。

挫折感来源于期望与现实之间的差距。当我们把自己跟他人比较时，我们的挫折感会变得复杂，从而形成"相对剥夺"的感觉。相对剥夺只是在比较的过程中产生的一种感觉，但依然会让人产生挫折，例如案例中龙某所在的班级是尖子班，与同学的比较让他产生了挫折感，最终导致了他的攻击性行为。

攻击的能量或者直接向挫折源释放（如龙某将愤怒指向了找来父母的老师），或者会克制直接的报复，尤其明确知道别人会对这种行为表示反对或者进行惩罚时，而把敌意转移到一些安全的目标上。例如下面这则故事就是转移敌意的例子：一个被老板羞辱的男人回家以后大声斥责他的妻子，妻子只好向儿子咆哮，儿子只能拿狗撒气，而狗则把来送信的邮递员咬了一口。

攻击者在遭受挫折时，稍稍受到刺激，攻击能量便很容易转换对象释放出来，比如当一个人满怀怒火时，哪怕是平时根本不予理会的轻微冒犯，也可能引发一个爆炸性的过度反应。案例中龙某故意不写试卷即是攻击能量的一种释放。

要预防孩子出现攻击性行为，父母要做到以下几点。

——要给予孩子应有的关爱，同时采取正确的方式来表达。痛苦唤醒的是恶，温情唤醒的才是善，尝试用孩子能接受的方式表达关心，而不是用"打是亲，骂是爱，一言不合用脚踹"来教育孩子。

——约束自身不良行为，如骂人、打人等，避免孩子因观察而习得攻击性行为。

——改变教养方式，避免孩子因为多次遭到体罚而产生暴力倾向。

——调整期望值，缓解孩子学业压力，避免孩子产生过重的挫折感，由此出现由愤怒导致的攻击性行为。

——警惕手机、电脑上的色情、暴力信息对孩子的影响。

高三父母要防微杜渐

没有哪家的父母愿意孩子犯罪，即使他自身也有不良行为，但总会希望孩子的发展能超越自己，一代更比一代好。可是，很多的孩子犯罪的确与父母的行为密切相关。

心理学家将青少年的不良行为分为两种：一种不良行为是社会化不足导致的，一种是社会化以后的不良行为。有前一种不良行为的青少年多在没有纪律的或者恶劣的、没有父母关怀的环境下长大，没有被父母适当社会化，也没有人教给他们一些标准来规范行为。而有后一种不良行为的青少年能够理解和遵守社会规范，心理上也相当正常，他们通常受到同伴的高度影响，其不良行为也常常以群体的形式表现出来。此外，一些研究表明，后者的父母不如其他父母那样对孩子管得紧，他们的不良行为往往是屈服于群体压力或寻求与群体的同一性所导致的。

如此说来，不管父母自身行为如何，他们对孩子的管束、教育都会对孩子产生重大影响。所谓"千里之堤，毁于蚁穴"，违法的孩

子很多都是从违规违纪开始的，不是每个违法的孩子一开始就有违法的意图。高三孩子的道德认知水平已经很高，他们对好和坏也有着正确的判断，但是在实际行动中，不留神犯的错，无人管束之后的胆大妄为，屡遭批评指责之后的心灵麻木，等等，使他们渐渐滑进违法的深渊。一切都是渐进的，都有一个过程，因此，父母要做的是让孩子懂得遵守规则的重要性，做到防微杜渐。要注意以下这些方面。

——了解孩子的作息情况，明了其课内外活动安排。

——鼓励孩子积极参加学校的各项活动，如体育锻炼、文艺活动、志愿活动等。

——明确规则，限制孩子的各种出格行为。

——晓之以理，动之以情，切忌简单粗暴的斥责。

把正确的交友观传递给孩子

法制教育纪录片《为了母亲的微笑·义气的代价》中有一个故事：

18岁的王某原本是个一心追求艺术的少年，但他最好的朋友染上了毒瘾。后来他的朋友参与抢劫，他为了哥们儿义气，一再无视朋友的犯罪行为。从对恶行视而不见到消极参与，到染上了毒瘾后主动抢劫，最终成为阶下囚，王某就这样被朋友一步一步拉进了罪恶的泥沼。他说："我觉得既然是朋友，当然要互相关心。我觉得朋友比我父母还要重要。"

对法律的无知，对是非的漠视，对朋友定义的偏颇，让一个花季少年的灿烂青春蒙上了厚重的阴影。王某的父亲对没有关注孩子的交友情况无比懊悔，后悔让好好的一个孩子毁掉了自己。

高三学习固然重要，但其他方面也得多关注。如果孩子表现出"朋友比法律还要重要"的思想，对他的交友情况父母就得睁大眼睛了，留意他的言谈举止，做到早发现问题早解决。父母要注意下面这些情况：

——孩子的作息及日常活动处所。

——要好的朋友的品行情况。

——朋友圈子是否十分固定，近期有否变动，原因是什么。

——精神状态是否正常。

——学习情况是否正常。

——是否有夜不归宿的情况。

——是否有迟到早退、旷课逃学等情况。

回顾与思考

1. 为什么要重视孩子的道德教育和法制教育？

2. 如果孩子自制力不强，作为父母，您会怎么办？

3. 如果孩子出现了攻击性行为，父母应该怎么办？

4. 怎么预防孩子出现攻击性行为？

5. 对孩子的法制教育应该怎么进行？

7

第 七 章

建立家校的良性沟通

1. 建立家校常规互动

从孩子上幼儿园起，父母便开始习惯与老师交流孩子的问题。"一切配合老师！"这句话估计很多父母都听到过，或者亲自说过，甚至还在说着。但是家校的良性互动是不是就只是父母配合老师呢？如果说配合，如何做才是对孩子最好的帮助？直到孩子上了高三，很多父母也没有学会如何正确与老师沟通，以致让认识孩子、帮助孩子的大好机会白白溜走。

父母的正确态度让师生关系更和谐

A 家长："我们儿子就交给您了啊，是打是骂都没关系！""您说孩子报哪个学校我们就报哪个！"

B 家长："老师，这不是你的孩子，就这么又说又骂的，一点儿不心疼。要是你自己的孩子，你还会这么说他吗？""我是你老子，听我的没错！别听你们老师瞎掰！"

多数家长可能会觉得 B 家长说话不太中听，A 家长还挺不错，但是 A 家长会不会总是不和老师联系呢？因为他已经把教育权都放到老师手里了。这两个家长的话呈现的父母对老师的态度，会极大地影响师生关系。如果父母对老师一味顺从，孩子自然会乖乖听老师的话；如果父母对老师不信任、不尊重，孩子也会养成不尊重老师的习惯；如果父母表面上尊重，背地里诋毁，孩子也会学着阳奉阴违。

父母的态度会影响孩子对老师的态度，进而影响到师生关系，最终影响到孩子的学习成绩。因此父母对待老师要不卑不亢，既不低人一等，也不趾高气扬；要真诚大方，不可人前一套，背后一套；要明确与老师交流的目的在于教育孩子。在高三的紧要关头，孩子"亲其师，信其道"对学业成绩有极大帮助。

适时走进校园了解孩子

孩子生活在家庭中、学校里、社会上，哪一部分都不能舍弃。只有把三者结合起来，才能展示孩子的真实生活。

除了吃饭睡觉，高三孩子通常在校时间比在家还要长，要了解孩子的日常情况，就要走进校园，走进老师的办公室。家校沟通不只是跟老师打打电话，笼统地问上一句"我家孩子怎么样"。除了学习成绩，父母还应该对孩子的品德、个性、兴趣、理想等有所了解，这样才能对孩子的未来有更精确的指点。

也许只有在与班主任的谈话中，父母才会发现原来孩子对成绩十分在乎，而不是平素听到的"无所谓"；也许跟历史老师聊过，父母才发现原来儿子是那么喜欢历史……尤其是如果孩子长期寄宿，父母想要了解孩子，就更得加强家校沟通。

主动积极，为孩子争得更多机会

刚上高三，小江班上换了新的数学老师。小江的成绩不算好，有些时候老师讲的她听不懂，心里很着急。班里同学好几十人，课间答疑时，内向的她很少能找到机会跟老师说起自己的情况。妈妈知道了她的情况，主动到学校跟数学老师进行了沟通，每次大小考试之后都向老师咨询小江的情况。因为妈妈的关心，老师对小江也很关注，课后主动询问小江的学习，还多次鼓励她。小江对老师的询问不再胆怯，也敢主动问老师问题了，数学成绩渐渐有了起色。

平心而论，从小处讲，只要是老师，没有不希望孩子考出好成绩的；从大处论，老师、父母也许在孩子成长的目标上有不同的侧重点，但都希望孩子进步。但是在班级授课制的条件下，老师很难做到对每个孩子有固定的、长期的关注，个性化的指导一般在课堂上更是难以实现。

在班级授课制的条件下，课堂授课关注的是整体的一致性，课后辅导长期只针对一个学生单独进行也不现实。孩子学业上有差异，性格上有不同，班级授课的教学效果并不统一。父母与老师主动积极的沟通有利于老师了解孩子的具体情况，对孩子的学习做出更有针对性的、更及时的指导。

家校协作，纠正孩子的不良习惯

9月开学，小林成了高三学生，日渐紧张的学习生活让他疲惫不堪。刚开学的时候，他还能坚持每天按时到校，努力完成作业。但是积习难改，爱迟到的毛病慢慢又开始出现了，作业也渐渐交不上了。期中考试后，天气渐凉，早起又成了困难的事。老师多次与小林的父母联系，但是并没有什么作用。日子一天天过去，到上学期期末的时候，成绩原本在班级中下水平的小林已经成为名副其实的后进生了。

很多父母十分在意孩子的成绩，但是孩子的学习态度、学习习惯却未能引起他们的注意。在小林的父母看来，每天迟到几分钟、作业少交两回对他的学习并没有影响。然而，正是这些不良习惯反映了孩子缺乏坚持的毅力，遇难则退，对学习敷衍应付。孩子很多习惯的养成都有父母放任的原因。如果父母能积极配合老师的工作，督促小林改正不良习惯，对小林的成长自然会起到积极作用。

在学校，老师面对的是几十个学生；在家里，父母面对的只是自家的孩子。在孩子的不良习惯初露端倪时，父母只有积极配合老师，才能让孩子尽早改正。

学会发问才能获得老师的有效指导

与父母交流时，老师们听到最多的话是：

A. "老师，我的孩子怎么样？"

B. "老师，我儿子的数学特差，您多帮帮他。"

C. "我女儿这回没考好，要怎么办呀？"

A 类询问过于笼统，老师的回答一般也会很笼统："挺好的""还不错""还行吧""还要继续努力"……这样的对话其实没有什么实际意义。如果换成"老师，您看他还需要在哪门课哪方面努力？"，老师们的回答可能是："他作文不好，物理学得不如化学，单词量太小，语法漏洞大……"

B 类询问比 A 类询问具体一点，但并没有要听取老师对孩子学习情况进行分析的意愿。如果父母问"老师，我儿子的数学很差，您觉得有必要请家教吗？在哪方面他需要加强？在家里，我们能怎么帮助他？"，也许老师就可以详细介绍孩子的情况，而且会给出具体的建议。

C 类询问往往在考试后听到，父母没有先问孩子考得不好的原因，直接跳到了考后策略的部分，而归因不明确就没有办法对症下药。所以可参照第四章"高三上学期考试成绩归因分析表"来问老师："我女儿这回没考好，您觉得大概是什么原因？"并且告诉老师孩子考前的一些表现，然后问老师："您看下一步我需要配合您做些什么？"

建立与老师的良好关系

孩子高三了，老师跟父母都想让他们学有所成。所以，与老师的良好关系是父母为孩子争取到的一大助力。因此，父母要多和老师沟通，注意沟通态度、沟通方式、沟通时机、沟通内容，如果和老师有矛盾，要妥善处理。

——沟通态度：平等、尊重、信任、真诚、大方；不可盛气凌人，也不必刻意讨好。

——沟通方式：高三老师工作繁忙，直接约谈的话，父母得提前准备好需要咨询的问题；短信、电话更便于小事的处理；一般情况下，可以用微信、QQ、邮件沟通。

——沟通时机：每个学期期初、期中、期末，新老师上任后，大考后，孩子成绩起伏较大时，孩子情绪不稳定时。

——沟通内容：学业是重点，但品德、心理等也应该关注。

——妥善处理与老师的矛盾：如有问题，最好跟老师直接谈，如果老师能接受您的意见当然好，如果不能接受再寻找第三方介入，而不是一有不满之处便在孩子面前抱怨，或是直接找校领导，甚至采取其他极端方式。

给老师送礼不如尊重和支持老师的工作

到了高三，孩子学习跟不上，一些父母为了使老师对孩子另眼看待，让孩子获得更多关照，成长顺利一些，送礼成为他们秘而不宣的法宝之一。实际上，超越了界限的礼物老师本就不能收，这样的礼物给老师带来的困扰多过感激。

事实上，绝大多数老师的确会因为与父母的交流而更关注孩子的情况，但根本原因在于为人师者的责任心，在于对关爱孩子的父母的尊重，缘于"可怜天下父母心"。

对于老师来说，所教班级的学生能有所成长是对其能力的最好证明，是自我价值实现的最好证明。所以，对于老师而言，最好的礼物不是物质的礼品，而是父母、孩子的信任和支持。

不要背着孩子见老师

与老师交流，是高三父母必须要做而且要做好的工作，但是父母要记住，了解孩子的第一途径还是孩子。有些无关轻重的事情，孩子不想说，父母千万不能背着他到学校向老师打听。因为如果父母这么做，一旦让孩子知道，他就会认为父母不信任自己，也会失去对父母的信任。如果没有对父母的信任，孩子会对父母更加排斥，更加不愿意同父母交流。所以，父母不要因为过度关爱而犯下背着孩子见老师的大错。如果这样做，只能得不偿失。

2. 积极参加家长会

与其他年级相比，到了高三，学校组织的活动中要求全体父母参加的，除了成人礼，似乎只有家长会了。您孩子的家长会一般是爸爸去，妈妈去，还是爸爸妈妈一起去呢？家长会后您会主动跟老师谈谈吗？老师对孩子的评价是否令您满意？家长会对您的家庭教育有多大影响？

重视高三的家长会

"家长会后，竹笋炒肉"，总有孩子担心爸爸妈妈参加家长会后，苦日子会来临。总有父母按捺不住怒火，在家长会后对着孩子爆发。高三家长会上，按照惯例，老师会对孩子的考试成绩进行分析，一时间，教室里呈现出几家欢喜几家愁的景象。孩子对家长会多少有点儿紧张，但是他们的情绪很大程度上受到父母的影响，父母对家长会的态度决定了他们的情绪。

一般来说，如果父母重视家长会，积极与老师交流，孩子对家长会就会给予极大的关注；反之，如果父母只是到场凑个人数，家长会后不根据家长会的信息对孩子的学习、生活进行相关的指导，孩子也就不在乎了。

如果家长会的影响不能通过父母作用于家庭教育，家长会也就失去了本身的意义。

家长会要关注孩子的综合素质

老师："他这次考得挺好的，学习劲头很足呢！"

父母："谢谢老师，我想知道他在班里跟同学交往的情况。"

老师："没见他有多特殊，跟其他同学差不多吧。"

父母："我看他在家的时候老有人给他打电话，不知道是不是班里的同学。"

老师："这个我就不太清楚了。"

不知道会有多少父母在与老师的交谈中提到类似上面的问题，估计很多是担心孩子谈恋爱或者交了不良朋友才这么问。而老师这里，很多时候没法回答学习以外的问题。

老师在家长会上的讲话多半集中在学习方面，少部分在日常行为、学习习惯、学习风气方面，对孩子的身体健康、思想品德、人际交往、个性形成等方面的介绍极少。从任课老师的角度说，无论是学校还是家庭，大家往往只关心成绩，而很少考虑孩子的兴趣爱好。

父母向老师的咨询往往也只停留在学习层面，对其他方面不是特别关注。参加家长会的父母当中，甚至有相当一部分并不在意老师对孩子行为习惯的介绍与评价，而这恰恰是反映孩子学习情况的重要参考指标。内容单一的家长会，是不利于孩子健康成长的。

做好参加家长会的准备

唐山一中家长会上，老师给参会的父母准备了"父母十问"：

一问：我给孩子做出表率了没有？

二问：我给孩子整理记录袋了吗？

三问：我记录这一年的拼搏历程了吗？

四问：我和孩子交流了吗？

五问：我为孩子提供励志美文了吗？

六问：我读书了吗？

七问：我给孩子提供成功的方法了吗？

八问：我的家庭和睦吗？

九问：我与老师沟通了吗？

十问：我做好后勤保障了吗？

在参加家长会前，也建议父母给自己准备几个问题：

——我最关心的是孩子哪方面的问题？

——对我最关心的问题，我希望得到什么样的回答？

——老师了解我的孩子吗？

——我希望给老师介绍我的孩子哪方面的潜能？

——我希望哪位老师给我提供哪些方面的建议？

——我计划如何按照老师的建议在日常生活中指导孩子？

……

认真分析家长会信息

高三家长会上，老师会讲很多内容，其中有一些重要的信息。建议父母记录下来后，分析这些信息对孩子的意义，以此更加清晰地把握孩子的情况。相关信息包括以下几个方面。

——反映学校整体情况的：历届升学率等。

——反映班级整体情况的：平均分、最高分、最低分、各分数段人数。

——反映孩子个体情况的：单科成绩、总体成绩、日常行为规范等。

重要的不是信息本身，而是父母通过信息分析出来的孩子目前的学习情况和将来发展的可能性。不过无论结论如何，对之后的家庭教育起到作用才是重要的。

家长会后与老师谈话的时机

一般来说，召开家长会当天，会有许多父母围着老师交流，即使老师竭尽全力，也很难完全让父母满意，毕竟时间有限。因此，建议父母先听孩子说，再听老师集体讲，然后自己思考判断，最后在家长会结束后的3~4天之内，与老师谈谈孩子的情况。家长会结束3~4天的时候，正好处在前后工作交接的临界点。高三老师的工作繁忙，很多时候每周都有不同的工作重点，如果时间迁延过久，与老师的交流就难保证针对性和时效性了。

妥善转达老师意见

"一位母亲与家长会"的故事流传甚广，您可以上网搜一下，那位母亲的做法感动了很多读者。在老师放弃孩子的时候，她选择坚持；当老师给孩子差评的时候，她将之转为对孩子的鼓励。但是，面对不同的孩子，父母不能都照搬她的做法，而要根据具体情况，采取适当措施。

如果孩子也像文章里的孩子一样，能认识到自己的不足，也能感受到母爱的伟大，坚韧不拔，父母就可以仿效文中母亲的做法；如果孩子自命不凡，父母不妨将老师对他的真实评价如实转达，让他能了解他人眼中的自己；如果孩子非常努力，成绩却不好，父母要做的是向老师咨询学习方法，然后转告孩子。

3. 构建伙伴型家校关系

对于高三孩子来说，家庭教育和学校教育是左右其发展的两个重要因素。学校教育影响并制约着家庭教育，家庭教育也制约着学校教育。表面上是老师掌握着孩子的发展方向，但实际上，真正要达到教育目标，也得靠父母在家对孩子的教育。随着社会的进步、时代的发展，很多父母对教育理论知识并不陌生。因此，家校的合作不应把一方作为另一方的附属，而要互相促进，取长补短。

利用信息交流平台加强家校合作

在"高三（11）班数学课交流群"中有这样的信息：

王老师：@所有人 请同学们、家长们关注以下消息……

……

林林妈：@王老师 王老师好，昨天林林生病请假了，今天还不能去学校，麻烦您把前天考试的答案发我一下，谢谢。

目前，微信、QQ等软件的普及让"群"成为一个相对公开的信息交流平台，相比早年间的网上论坛、手机交流更为便捷。其实不管使用什么工具，重要的是在同一时间，老师、父母、孩子都可以获得相关信息。

以微信群为例，老师、父母、孩子都可以发布信息，传达给群里的每个人；信息可长可短，既可以用语音、文字，也可以用图片、视频。微信群中，每个人都可以与其他任何一个人交流；每位父母都可以 @ 老师，而不必担心会干扰老师的正常工作；父母与父母之间也可以增进了解，彼此的联系可以更频繁、更深入，伙伴的感觉更明显，凝聚力更强。这一切都源于信息的同步。

如前例所示，如果王老师要通过电话、短信、纸质通知、口头转告等方式传达消息，时效性、明确性都会大大降低。

家庭和学校的培养目标要一致

"老师，我们家孩子就喜欢音乐，咱们学校有能指导艺考的音乐老师吗？"

"老师，我儿子非常喜欢烹饪，将来想当厨师。他成绩也不好，我想着让他去一个好点儿的高职就行。要是作业做不完，您别罚他行吗？"

"老师，这孩子的智商够用，也挺努力的，她想学建筑，但是总分差点儿，您看哪科还有上升的可能？"

"老师，有'招飞'的消息您可要第一时间通知我，我儿子想当飞行员！"

把孩子送到学校，让他参加高考，父母的目的是让孩子成才，还是成人，或是成才也成人？父母觉得孩子成人更重要，还是成才更重要？父母希望孩子成为专才，成为全才，还是奇才、怪才？希望孩子能有一技之长应该是很多父母的想法，这是成"才"的目标，一向受到所有人的关注。而成"人"的部分，似乎家庭和学校的关注并不明显。尽管潜在的对孩子成人的要求一直存在，但是习惯、品德、审美、健康等问题往往被高三的老师、父母有意无意地忽视了。成长更成人，应该是家庭和学校教育孩子共同的目标。

在伙伴型关系中，父母和老师要确保对孩子的培养目标清晰一致，只有这样，彼此才能成为真正的伙伴，否则就难免用力的方向不同，导致最后无法形成最大的合力。

培养目标要与综合素质评价内容统一

多年前，高一新生入学时，一份"学籍表"能让班主任快速了解孩子的情况，但也仅限于父母的基本信息和孩子的教育经历。2006 年改革后，综合素质评价系统进入校园。新一轮高考改革措施中"两依据一参考"的政策表明，实施"既看分，又看人"的综合素质评价录取是未来高校招录的趋势。

小贴士

"两依据一参考"

高校招生不仅仅根据高考成绩，还要依据高中学业水平考试成绩，参考学生的综合素质评价，择优录取。

综合素质评价

在每个学期的期末或每个学年的期末，学校组织的对全体在校学生进行全面的综合素质和能力评价的行动。

综合素质评价一般分为六个维度（不同地区、不同学校略有差异），分别是"道德品质""公民素养""学习能力""交流与合作能力""运动与健康""审美与表现"。六个维度又分别被分为若干个项目。评价方式一般为等级制，即分为 A（优秀）、B（良好）、C（一般）、D（较差）四个等级。

通过综合素质评价的多重维度，老师和父母能清楚地认识到孩子的优势劣势、兴趣爱好等。当然，如果能从高一开始就关注孩子的这些方面，根据综合素质评价内容确定孩子的培养目标，到了高三，孩子在这些方面的发展肯定会更好，这不仅会使他们在评价中取得较好的成绩，还会为他们的全面发展打下基础。

家校合作从"头"开始

不管之前有没有跟孩子的所有老师进行过深度交流，到了高三，开学头两周之内父母有必要跟每位老师深谈一次。既然都是为了孩子的成长，开诚布公非常重要。所谓"万事开头难"，开好了头，后面的路就好走了。父母可以跟老师谈谈下面这些内容。

孩子的高考目标：最高目标和最低目标。高三往往是复习年，有的孩子在高一、高二的时候学得不太好，到了高三，如果能够把知识融会贯通，成绩很可能会有飞跃。随着对孩子情况了解得逐渐深入，如果能在开学初与老师互通信息，对老师后期的工作会很有帮助。

孩子的优缺点：无须遮遮掩掩，孩子的优点那么多，老师有的能看到，也有的看不到，父母强调一次没坏处；孩子的缺点不少，不会因为父母避而不谈就被老师忽视。因此，父母可以和老师一起分析孩子的优缺点，帮助他发扬优点，改正缺点。

9月秋高气爽，是所有孩子最有斗志的一个月，这个时候外部环境舒适，身体舒服，心理状态最佳。一切都可以从头开始，一切都还有希望。抓住这个机会与老师一起布局，为孩子设计全新的发展计划，机不可失。

与其他父母合作

父母一方面可以利用家庭教育公共服务网络，另一方面也可以自行成立小规模的互助组织，来帮助自己完成好家校合作的任务。

比如，如果父母不能帮助孩子解决问题，可以求助青少年宫、儿童活动中心的专业人员，也可以在家长学校中与其他家长交流讨论，互相学习。

又比如，如果孩子长期住校，父母做不到天天去学校探望，同一宿舍学生的父母就可以组成联盟，轮流探望。这既减轻了父母的压力，又扩大了他们的社交范围，更维系了孩子之间的情感纽带。

借助科技手段，信息互通有无，寻找同类同质的伙伴再也不是什么难事，而共同的经历、相同的心情，会让高三学生的父母合作起来更加容易。

综合使用多种方式进行家校合作

传统的家校合作模式有父母参加家长会、老师家访、家校社区举行联合活动等等。科技的发展为家校互动带来了新的途径，搭建了"虚拟学习社区"、校园网、博客、QQ、微信等互联网交流平台。

但是，无论是传统模式还是新兴的虚拟交流，都存在各自的优缺点。前者耗时费力，后者在促进学生学习等方面效果没有那么显著。单一模式也不能满足所有家庭、所有学校的需要。因此，父母要能选定合适的方式，扬长避短。

回顾与思考

1. 怎样与老师建立良好的互动关系？

2. 怎样向老师提问才能获得关于孩子的更全面的信息？

3. 您对家长会是什么态度？这样的态度有利于孩子的发展吗？

4. 与老师谈完以后，您是怎么向孩子转达老师对他的看法的？

5. 您是怎样利用 QQ、微信等平台加强家校合作的？

8

第 八 章

用心创设孩子的未来

1. 积极参加成人礼

高三有一件让很多孩子都难忘的事情，那就是成人礼。如无例外，高三孩子的父母都要参加这样一件盛事。很多学校还将成人礼与高考前的动员结合在一起，借助成人礼让孩子感受成年人的责任感和使命感，同时激发他们的斗志。因此，成人礼也成为高考前的一个重要活动。

成人礼是人生中的一个重要仪式，尽管世界各地的成人礼各不相同，但都是在社会成员逐渐走向成熟，并且开始享受社会权利、履行社会责任和义务时，为了凸显其人生阶段的转变而举行的仪式。在中国传统中，针对男性和女性的成人礼分别是"冠礼"和"笄礼"。

成人礼曾经被遗忘，但如今，它的重要性重新被人们认识到，因而也成为学校、家庭、社会对将要成人的高三孩子的重要教育契机。

成人礼让孩子感受到成长带来的责任感与使命感

12月3日，李路十分兴奋，她早早就起床了，妈妈为她化好了淡妆。尽管天气寒冷，她还是换上了礼服裙。站在镜子面前，她感觉自己似乎从内到外都有了全新的改变，期盼已久的成人礼将在今天举行。开阔的礼堂里座无虚席，全年级 600 多名同学齐刷刷地站着，宣誓的声音久久回荡……

成人礼过去好多天了，当天的场景李路还记忆犹新，周围的同学说起来也都一脸的兴奋。只是几天而已，大家的精神面貌都不知不觉地发生了一些变化。李路说不清楚是什么变化，仅仅是宣誓的那几句话就让大家有那么大的改变？但是很明显，同学们的学习劲头更足了，对未来的渴望更深切了，对理想的生活有了更积极的愿望。

为什么李路会觉得同学们的精神面貌发生了改变？成人礼不仅仅意味着对孩子"成人"身份的确定，更重要的是唤起了他们的责任感和使命感。相对于"成长""长大"等词语而言，"成人"是更具有社会象征意义的词语，它不仅意味着个人在生理、心理上的成熟，而且更代表了一种社会责任和个人责任的承担。如果说之前孩子对自己仍是孩子的身份抱着犹豫的态度——既想依赖父母又想挣脱约束，成人礼之后的他们对自己的独立身份和由此带来的权利和义务就会有非常清晰的认知。

成人礼激励孩子树立高远理想

北京四中校长刘长铭 2014 年在成人礼上发表的演讲《生命与责任》在网络上广为流传：

从今天起，成人和公民这两个概念将深刻地影响你们的生活行为。成人意味着你应当承担起家庭的责任……成为公民意味着你应当承担起自己对社会和国家的责任。这需要你们获得生命的感悟，更为深刻地理解生命的意义与价值。获得生命的感悟，需要读书，更需要真正的生活。书中积累了前人的人生智慧，它可以为你们提供前进的方向和坐标，但这些不是生活旅途上的真实风景。生活需要你们亲身去体验。所以，在过去的三年中，读书和行走成为你们学习的重要课程……一个同学这样写道："我占有的资源远比他们多，我一定不浪费它们；我要努力，努力做好我的学生，努力积累，大效于世；当我有能力时，付出我的一份力量去改变他们的生活环境……让一部分人的生活好一些。愿多年后，我仍能记得我今日写下的这些话。"看到你们能够立下这样的誓言，我们感到很欣慰。

当然，成人首先意味着生命与种族的延续。成人说明你们不仅成为社会的主体，同时也成为家庭的支撑。照顾弱小的或衰老的生命是你们必须担当的责任。你们将来都有自己的生活、自己的家庭，你们今天做儿子、做女儿，将来都要做丈夫、做妻子、做父亲、做母亲。因此，你们都要认真地思考要为子孙后代留些什么。从这个意义上讲，成人是一种超越生命时间尺度的责任的担当。

如果说在成人礼前孩子们思考更多的是眼前的责任，是自我的责任，那么成人礼让他们更加意识到自己对社会、对国家的责任。而且，这份责任一旦背负，就难以轻易推卸。作为未来社会发展的中坚力量，他们必须树立高远理想，实现自己的人生价值，就像上文中那个学生所写的：要"大效于世"，要在"有能力时"，"让一部分人的生活好一些"。

成人礼让孩子更加理解父母

成人礼当天，所有的同学都收到了一封来自父母的信和一份特殊的成人礼物。妈妈给郑杰制作了一份照片集，收录了他从出生到高三的 18 张照片，每张照片旁边还有爸爸亲手写的解说词。最后一张是开学前一家人所拍的全家福。妈妈还请人制作了视频，被老师选为在会场公开展示的唯一一份礼物。一开始看到自己小时候的视频剪辑，感觉到周围的同学都在偷偷笑，郑杰还觉得怪不好意思，后来看到视频里一向少言寡语的爸爸含着眼泪，第一次对他说出了"儿子，我们永远爱你！"的时候，郑杰抱着妈妈，激动地掉下了眼泪。一米八的大个子抱着妈妈呜呜地哭了起来。

当孩子渐渐长大，似乎"爱"字更难宣之于口。父母的爱简化成了零花钱的数字，异变成耳旁"赶紧做作业"的催促。当父母与孩子之间的交流日益变得涩滞、凝固、僵化，一封饱含了父母拳拳舐犊之情的亲笔信，一声真挚的祝福，一份为孩子亲自选定制作的特殊礼物，在成人礼这个特殊的场合，显得弥足珍贵。当孩子长大后回首往事时，一定会有含泪的微笑，因为他们理解了父母的含辛茹苦和良苦用心。

为孩子准备得体的服饰与妆容

成人的一个重要方面就是仪表的端庄大方，另外，成人礼作为一项重要的典礼，必须具有仪式感和庄重感，这样，孩子的自豪感与幸福感才会油然而生。因此，为孩子准备一套正式、得体的衣服，把孩子打扮得既成熟又漂亮，是父母必须做的事。

男孩子要威严大气，父母最好为他准备一套西装、一件衬衫、一条领带和一双皮鞋，把他打扮得帅气倜傥。女孩子要庄重优雅，父母最好也为她准备深色西服、浅色衬衫和高跟鞋，把她打扮得漂漂亮亮。当然，整体风格是这样，孩子具体喜欢什么样的衣服，还要他们自己做决定，父母可以给他们提出中肯的建议。这些衣服，父母都要和孩子一起挑选，不必非常高档，关键是要正式、得体、合身。千万不能图省事而随便找套衣服，或者穿爸爸妈妈的衣服。

经历了成人礼，男孩子把最帅的自己、女孩子把最美的自己展现出来，不仅会激发他们的自豪感，而且还会使他们从此开始重视仪表。父母要把握这个机会，教会孩子选衣服、穿衣服、搭配衣服，教会他们选择合适的发型、佩饰与化妆品，向世界展示出自己最好的状态。不过，父母同时也要让孩子知道，外貌重要，心灵更重要，一个内心充满真善美的人，才是最帅最美的人，而这也正是成人礼的题中之义。

利用成人礼了解、引导孩子

首先，如果情况允许，父母要积极参加成人礼，不要错过这个见证孩子"成人"的时刻。作为孩子最亲的人，他的成长是父母的责任，也是父母的幸福。

更重要的是，这也是父母了解孩子的重要契机。与孩子交谈，观察孩子的言行，看他是否真正理解"成人"的意义，拥有承担责任的勇气和独立的思想。

古代冠礼的重要内容之一，是进行容体、举止、辞令等教育，内中有很深的含义。按照《礼记·冠义》的解释，容貌体态要大方端庄，表情神态要庄重合仪，话语言辞要恭顺得体。刘向在《说苑》中说，冠礼的意义在于"内心修德，外被礼文"，意思是借助加冠的外在礼仪，让被加冠者意识到内心"修德"的重要性和言谈举止合乎礼仪的必要性。

现今各学校的成人礼上，有的孩子参加仪式的时候不够庄重严肃，言辞不得体，这只能说明他们只把成人礼当作了又一场声势浩

大的日常典礼，没有完全理解它的内涵。而一旦发现这样的情况，父母得跟学校一起努力，让孩子明了举办成人礼的真正意义。

精心筹备家庭中的成人礼

把 18 岁生日当作一个成人礼

高三开学第一周，琳琳就迎来了自己 18 岁的生日。爸爸妈妈为她准备了一场以"感恩"为主题的"成人礼"，不仅邀请了亲朋好友，还邀请了她的小学、中学老师。在大家的祝福声中，琳琳真切地感受到"成人"两个字的意义。在很长一段时间里，她一直难以忘怀当日的情景，也更积极地投入自己的学习中。现在的她，对学习、对高考、对将来的生活都有了更深入的思考，而这些思考也让她更加踏实、成熟、稳重。

不是每个孩子都那么幸运，能在生日那天赶上学校的成人礼，但如果18岁的生日还和之前的17个生日一样度过，就有点遗憾了。毕竟，过了这一天，在法律上，您的孩子将为自己的行为承担一切责任。无论别人如何看待，他自己的心里一定会有某种感受。如果能在这个特殊的日子里将他成人的幸福感、自豪感、责任感、使命感全都激发出来，一定会给彼此留下美好的记忆。

和孩子商量邀请参礼人员

诚挚邀请亲友来参加孩子的成人礼，可以跟孩子一起选定参礼人员。在此过程中，父母与孩子可以交流意见，这也是父母对孩子进行人际交往教育的良好机会。

富有家庭特点的成人礼程序

每个家庭都有属于自己的特殊性，设计富有家庭特点的成人礼程序，既是对家庭精神文化建设的绝好机会，又能培养孩子作为"成人"的责任心，还能加深彼此的感情。

2. 冷静面对高考结果

经历了 12 年的努力，高三的孩子终于迎来了高考。紧张的考试之后，毕业照拍完了，毕业典礼也举行过了。高考分数可以查询了，几家欢喜几家愁。不管高考的结果如何，无论父母还是孩子，都要冷静面对。

高考前后孩子的情绪普遍不稳定

刚走出考场，小茹就抱着妈妈大哭了一场。英语是她的弱项，她一直担心考不好。考试的时候，好几道题都拿不定主意，一直在纠结，直到老师提醒考试时间剩下 15 分钟的时候她才开始涂答题卡，根本没有时间检查。老师收走了试卷后，她才回过神来，感觉自己涂卡时好像漏涂了一道题，不知道有没有因此涂错了后面所有的题目。为此她忐忑不安，生怕因此考不上大学。从考完英语到发布成绩的十几天里，她一直吃不下东西，也睡不好觉，瘦了好几斤。爸爸妈妈不敢在她面前提高考的事情，家里气氛一直很压抑。查询分数的那天，感觉输入考号的手都是颤抖的，当电脑屏幕上出现考分的那一刻，她的心就好比在坐过山车一样，英语103分的成绩简直让她欣喜若狂，"还好没有出错！"她抱着妈妈又叫又跳，哭了起来。

从考前的忐忑到考试时的紧张压抑，再到考后的坐卧不安、成绩发布后的或悲或喜……高考前后，孩子们普遍会经历情绪的起伏波动，尤其是成绩不太好的孩子，很多都会觉得高考失败是他们有生以来遭遇的最大打击。也有的孩子对自己期望很高，当现实没能与预期相吻合的时候，极易产生消极情绪，如自卑、内疚，不被理解与认同的孤独，对未来的彷徨、迷茫……

18岁的孩子人生观、价值观尚不成熟，在他们遭遇挫折的关键时候，父母理应站在他们背后，成为他们最有力的精神支柱。假如他们沉溺于消极情绪无法自拔，应及时进行疏导和调节，陪他们聊聊天、散散步、听音乐、看电影，防止他们出现严重的精神障碍。

警惕孩子考后过度放松

高考结束，刘欣如释重负，之前被父母、老师下了这样那样的禁令，考后全面解禁。晚睡晚起，熬夜玩手机，夜宿网吧，三天两头聚会吃喝K歌，不经父母同意就结伴远游……一开始，爸爸妈妈还挺体谅他："紧张了那么多年，可有机会放松一下了，趁考试分数还没公布，你先好好玩玩。"到最后也觉得有些担心："这孩子玩得太疯狂了吧。要是上大学还这么玩可怎么得了。"

高考过后，很多孩子处于一种亢奋的状态。他们由紧张变为放松，"补偿"的心理特别强烈，但是过分放松就成了对自己的放纵。有的孩子可能会因为暴饮暴食引发肠胃炎，因为作息突然不规律导致身体免疫力下降，或是因多饮多食少运动而导致肥胖。也有的孩子过于放松，大脑一片茫然，对任何事物都没有兴趣，做什么事情都提不起精神，甚至失眠，呈现一种"自闭"状态。

高考以后适度放松，进行调节是非常必要的，但是过度玩乐则会使孩子由备考状态直接进入另一种疲劳，透支身体，破坏自己的生物节律，对他们的心理和生理都会造成不良影响，上大学后在短期内也难以适应校园生活。

因此，父母在孩子高考后的暑假，尤其是暑假初期，要督促孩子合理安排生活，警惕他们过度放松。

父母心平气和才有利于孩子继续前行

高考前，晓明的爸爸妈妈对他关怀备至，不仅是学习，而且吃喝拉撒睡事事关心，样样周到。一家人都希望晓明能顺利考上名校。高考结束后，爸爸妈妈和晓明一起焦急地等待考试成绩，但是对晓明的生活明显没有之前那么关注了。分数揭晓的时候，晓明知道自己的名校理想落空了。巨大的打击让他头脑发蒙，爸爸妈妈的失望更让他难受。晓明不敢出门面对亲友，每天只是待在家里，爸爸下班之后看到他颓废的样子，总忍不住要说上几句："你看看你这个样子，考不上名牌大学就连门也不出了，将来还能指望你干什么？"尽管没有落榜，但晓明万分失落茫然，内心充满了挫败感。

晓华的爸爸妈妈也很担心孩子的高考，抱着试一试的心态鼓励晓华。分数出来后，晓华只能进高职。爸爸妈妈跟晓华进行了长谈，了解到晓华不想再复读，他们马上和晓华到驾校报名考驾照，还联系了一家车行做兼职，准备拿到驾照之后去读汽车修理专业。高考分数发布后，晓华的日子过得紧张而忙碌，可以说，每天都在接触新人新事，高考失利的沮丧被新生活一点点排挤出去，他还悄悄定下了自己的创业计划。两个多月的忙碌让他感觉十分充实，进入新学校后也表现得比其他同学更成熟、更自信。

高考对孩子来说是一场考验，对父母来说也是心理的挑战。想要让孩子顺利渡过难关，父母自己要先能平静地接受高考结果。控制自己的情绪也好，及时为孩子规划生活也好，都要建立在父母能冷静对待孩子"成败"的前提下。如果像晓明的父母那样，孩子很难做到心气平和地继续前行。

合理安排考后3个月的生活

高考之后到高招结束，大约有 3 个月的时间。如果只是将其作为彻底放松休息的时间，未免过长。而高考后让孩子完全保持考前的学习状态也没有必要。因此，父母如果能在支持孩子选择的基础上，再为他们提供一些建议，就更能让这段日子过得充实愉悦。

——娱乐休闲：旅行是很多孩子的首选。上大学后，对家乡日益疏远，因此，建议孩子的旅游计划可以在北方游、南方游、中国游、世界游之外，再加上一个"家乡游"。

——体育锻炼：长期伏案学习让一些孩子的身体或羸弱或肥胖，健身或减肥计划可以在3个月内得到很好的实施，也让孩子有机会在新的朋友面前留下新印象。

——文学艺术：对爱阅读的孩子，3个月可以读不少书，"读史使人明智，读诗使人灵透，数学使人精细，物理使人深沉，伦理使人庄重，逻辑修辞使人善辩"，开卷有益。美术馆、博物馆、音乐厅等地也是很好的陶冶情操之地。

——专业技能：从兴趣出发，培养自己某方面的技能，如烹饪、缝纫、驾驶、语言、计算机……俗话说"艺多不压身"，学习让人充实，技能的提升增强人的自信心。

——学业预备：如果非常明确自己未来的学业所需，也可以抓紧这段时间好好充电，为大学阶段的学习奠定坚实的基础。

——社会实践：有的孩子一直生活在家庭、校园，对外界的了解非常少。不妨趁此机会多了解社会，参加志愿活动也好，寻找兼职工作也好，认识新的人和事，积累处理人事的经验，为将来的发展做好准备。

综合考虑各方意见来确定高考志愿

填报志愿是高考知分之后最重要的事情，它的重要性甚至超过高考本身。父母作为长辈，作为生活经历更丰富的人，一定要考虑长远，不能只看眼前。在和孩子一起填报志愿的时候，不要只看什么"流行""热门"的专业。今天流行的、热门的专业，到孩子大学毕业时未必还流行、热门，也未必会使孩子一生幸福。所以要让孩子选择他感兴趣的，选择适合他自己的，选择不会后悔的。要有当机立断的魄力，也要有深思熟虑的耐性。填好一张志愿表要斟酌再三，但一旦确定，就不要因一时的冲动而随意更改。

如果说真的对填报志愿一无所知，与其公说公有理、婆说婆有理地争论不休，不如坐下来好好考虑一下，究竟哪些因素影响了父母和孩子的选择，父母和孩子对这些因素的考虑有什么不同。根据以下表格示例，认真研究探讨，父母和孩子应该能够得到比较一致的结论。

选项	学校整体	专业前景	就业	城市发展	地理气候	录取可能性	其他	总分
赋分	20	25	20	15	5	10	5	100
志愿 A								
志愿 B								
志愿 C								

　　父母觉得哪<u>些</u>要素是需要考虑的，可以填入"选项"行，根据各要素的重要程度，综合衡量后加权赋分。比如，有的家庭会觉得学校整体比专业前景重要，可能赋分就是 30 和 20；也有的觉得城市发展情况值得考虑，地理气候可以忽略不计，赋分就是 10 和 0；也有的孩子考虑到身体适<u>应</u>情况，将气候要素看得比较重要，赋分15……不管如何赋分，各部分最后的总和要是 100 分。

　　每个志愿的得分可由加权平均数相加得来。例如：

假设父母的意见权重为 2，孩子的意见权重为 3，关于志愿 A，假设父母对其"学校整体"的评分为 15，孩子的评分为 18，则志愿 A 中"学校整体"得分为：

$$(15 \times 2+18 \times 3) / (2+3) =16.8$$

以此类推，每个志愿都可以得到非常具体的分数，因此，父母用一张表格得出了自己和孩子对某志愿的综合评价，这个过程中彼此的意见都得到了尊重，相信这样的结果更容易被双方接受。如果对某项内容不确定，可以利用网络、学校、亲友等各种渠道进行了解。

尽量为孩子提供2~3个选择

孩子面对太多的选择，会产生无法抉择的烦恼，甚至患上"选择恐惧症"。但是当孩子觉得自己只有一条路可走的时候，就会有被迫选择的感觉。因此，如果可以让孩子在 2~3 个选项中挑选的话，他会觉得更容易接受。

落榜不等于世界末日，即使考出高分也可能会有甜蜜的烦恼。如今的社会，价值多元，条条大路通罗马，成才的路并不止考上大学这一条。科学技术的发展给我们提供了很多可能，无论在哪里，孩子都可以找到提升才能、增长智慧的办法，只要不放弃，前路会越走越宽。

3. 要不要到国外留学

随着时代的发展，越来越多的孩子选择到国外读大学，尤其是去欧美国家留学的需求一直比较旺盛。那么，要不要让孩子留学？很多家庭为此犹豫不决。如果能对以下问题进行思考，或许会有更明确的决定。

孩子为什么要出国？

近些年来人们出国读本科的热度有增无减，但是我们发现，回流的人数也在日益增加。如果抱着学外语的目的出国，或者仅仅是为感受异国文化，似乎不必耗费几年时光和大量金钱。送孩子出国留学之前，要对他的未来有一定程度的规划，例如，从专业发展的需要角度，从提升个人能力角度，从适应国际化发展的角度，等等。留学应是长远规划的一部分，准备工作也应该具有长远性，仅是语言上的准备，最晚也应该从初中开始，而不是高考结束后的临时抱佛脚。一些学生因为不能考入国内顶尖大学，所以选择出国，但是这样的学生也并不能保证可以进入国外声誉很好的学校，那么，与其耗费大量金钱和精力，去读一所教学质量并不确定的大学，不如在国内寻找其他机会。即便想要通过留学来实现国外就业的愿望，也很难预料未来该国情势发展。所以，父母与孩子不要为了"出国"

而选择出国留学，一定要对出国留学的风险充分评估，不可一味追随出国风潮，片面否定在国内的学习。

什么样的孩子出国后会获得更好的发展？

现实中，不乏一些孩子出国后不仅浪费了时间和金钱，却没能获得想要的收获。"海归"不再成为一些用人单位选择员工的绝对标准。因此，对孩子自身能力应该在他们出国前就有所定位，要能保证他们出国留学有收获才好。而一般来看，独立性强、乐观积极、善于社交、善于自我学习的人更能够适应陌生的环境。

首先，语言能力是很多人在意的，当然，在异国生活、学习，如果语言不通，生活中会出现很多问题。事实上，准备出国留学的孩子对这个问题会比较关注，将许多时间放在语言学习上，甚至产生这样的错觉：只要我的语言过关了，其他问题也就不存在了。真实情况远非如此简单。对学习环境、生活环境、文化氛围的适应也要有所考虑，否则会给留学生活带来意想不到的问题。

第二，孩子是否具备了自学能力？国外大学的本科学习并不像一些人想象的那么轻松，沉重的学习任务让一些孩子疲于奔命。良好的自学习惯和自学能力是他们跨越学业障碍的有力助手。有的孩子不会学习，结果考试分数低，想要继续深造却很难申请到合适的学校。

第三，孩子是否拥有一定的生活自理能力？很多孩子即便到了高中，也很少自己洗衣服、做饭、收拾屋子。而国外的大学生活中有很多事务需要自己去处理，如果未有准备就直接送孩子出国，初期的适应阶段会非常困难，学业压力、生活琐事都会影响他们的情绪，也会影响到学习的效率。

第四，孩子的人际交往能力如何？中国老话说得好：一个篱笆三个桩，一个好汉三个帮；在家靠父母，出门靠朋友。同学、朋友之间的正常来往与互相帮助是大学生活中不可缺少的。现实中，一些留学生只愿意泡在本国朋友圈中，怯于跟外国同学或其他人来往，导致他们人虽然在异国，文化还在本土，长此以往，留学的作用就很难实现。

如果孩子的能力等各方面条件都具备了，父母还应做好其他方面的准备，才可以考虑送孩子出国留学。

例如，要具备一定的家庭经济条件，才有可能送孩子出国留学，这也是很多父母在意的因素，毕竟出国留学所费不菲。如果孩子能在国外获得比国内更好的教育，自然是值得的，但是如果在国内大学同样能获得进步，就应该对是否出国学习进行分析。另外，对目标学校的考查要尽可能细致。近年频频传出在各国的中国留学生的安全事件，所以对目标学校的关注不应仅仅放在学校声誉、专业设置、师资力量等学术方面，学校的文化传统、所在城市的发展历史、文化背景、生活环境等都是需要了解的内容。

当然，即使准备得再周全，在现实中有可能依然不够用，毕业后的"单飞"对于父母和孩子来说都是一场挑战。一些父母甚至接受不了孩子去外地读大学，那么，孩子出国读书对于他们来说更感觉难以割舍。对于孩子来说，去陌生的国度既是难得的体验，更是一场能力的考验。所以，父母与孩子都需要有健康的心态，平和自然地对待生活中的新变化。

无论孩子是否出国，他们都要学会独立生活，虽然会遇到困难，但是会收获进步。在高三这一年学习中，孩子的信心、耐心、恒心都在经受挑战。他们的能力和素养是否有真正的提升才是父母最应该关注的。如果孩子的意愿、能力、家庭条件等因素符合出国留学的要求，睁眼看世界的机会也很难得，当然值得一试；但是如果孩子并没有具备相应的个人素养，仅仅是父母的一厢情愿，希望孩子在崭新环境中能有所改变，那么实现的可能性就是渺茫的。

小贴士　2016 年我国学生出国留学情况

2016 年我国出国留学人员总数为 54.45 万人，较 2012 年增长 14.49 万人，增幅为 36.26%。2016 年留学回国人员总数为 43.25 万人，较 2012 年增长 15.96 万人，增幅为 58.48%。出国留学与留学回国人数比例从 2012 年的 1.46：1 下降到 2016 年的 1.26：1。

在地域分布方面，我国出国留学人员留学目的国相对集中。2016 年度，逾九成留学人员赴美国、英国、澳大利亚等十国，其中赴英语国家的留学人员近八成（77.91%）。

从学历层次看，2016 年度我国出国留学人员攻读本科以上学历占七成（本科生 30.56%、硕博研究生 35.51%）。

——摘自教育部《聚焦国家战略 提供人才支撑 留学工作取得显著成绩》

4. 选择人生新方向

高考之后，许多孩子开始准备走上一段新的人生旅途。其中，最常见的便是为进入下一个学习阶段而进行的高考志愿选择。如果落榜，多数家庭要考虑的是让孩子选择一个什么职业。

社会实践让孩子更了解自己

张燕从小就喜欢写作，平时有什么心得，都会写下来。上高中后她为自己树立了一个目标——当记者。"无冕之王"的头衔、为正义而写作的想法让张燕一想到自己的理想就非常激动。高考结束了，她在亲戚的帮助下来到一家报社实习，为期一个月的实习让她真切地感受到了记者工作的酸甜苦辣：熬夜加班，外出跑新闻，为新闻选题绞尽脑汁……她这才发现，自己当初想的能写作就能当一名好记者的想法有多么幼稚。自己能做好吗？她开始怀疑了。这样的生活是自己想要的吗？她也犹豫了。按照起初的想法，她只想把生活中所见所感真实地表达出来，自由地抒发自己内心的感受，而记者的工作与她的想法有很大出入。再三考虑之后，她希望能用4

年的时间来想清楚自己究竟要不要当一名记者。最终，张燕将专业从"新闻"改为了"中文"。

说千遍，看万遍，不如亲自做一遍。社会实践能让高三的孩子进一步了解社会，增长见识，锻炼能力，验证自己被社会认可的程度，也可以让他们发现自己的不足，并在实践中弥补。

利用高考后的时间增加社会实践机会

对于高三的孩子来说，参加社会实践的最佳时段是高考之后的一个月。如果能和自己理想的行业有近距离的接触，对它有真切的了解，孩子做出抉择的时候会更有把握。

第一步，通过梳理网络信息来确定大概方向，但网络信息来源广泛，数量众多，应注意甄别真伪。第二步，通过咨询亲友，尽可能了解生活中的真实案例，获得更加可靠的信息。第三步，亲身实践，即使不能找到完全对口的实习工作，也可以寻求与所选行业相似度高的其他工作。

虽然短时间的实践未必能让孩子获得最有效的帮助，但这毕竟让他们拥有了难得的感受与体验。而与感兴趣的专业、行业的接触，将口头上、书本中的信息变成了活生生的现实，相信会对他们的选择有更多的帮助。

鼓励孩子为兴趣而做

每个人都希望从事自己喜欢的职业，将工作当作自己的事业来经营，而不是只把工作当作生存的手段。因此，父母应多多培养孩子"为兴趣而做"的习惯。为生存而工作获取的更多的是物质上的满足，为兴趣而工作则能让人收获精神上的满足，最终也一定能让人收获物质上的满足。

在此之前，要让孩子先搞清楚自己的兴趣爱好究竟是什么，如果一件事重复了千百遍，孩子不但没有任何厌烦的情绪，反而更加喜欢，那么基本上就可以确定这就是他的兴趣。相对而言，明确兴趣要比将其坚持下去容易得多，"不忘初心"对很多人来说是件困难的事。

帮助孩子树立职业理想

浙江新高考改革方案出炉后，小陈面临的第一个挑战是决定选考的科目。

新高考打破了文理分科的局面，学生可以在7门科目中任选3门，和语、数、外一起构成高考科目。和自主选择权加大成正比的，是学生与父母的纠结和摇摆。

小陈各门功课都比较均衡，因为喜欢地理老师的授课方式，首先选择了地理。最大的纠结体现在通用技术这门课上。小陈的通用

技术学得不错，能进入年级前三四十名，而且这也是他所在高中的优势学科。但跟其他科目相比，通用技术实在是太新了。当时，各高校还没有公布各专业所需的选考科目，小陈一家人不知道通用技术的选择范围大不大，心里没底。保守起见，小陈放弃了通用技术，选择了物理和化学。

然而第一次选考后，他发现有很多成绩不如自己的同学在通用技术选考中拿了满分。这让他有点儿懊恼，开始怀疑自己当初的选择是否明智。

新高考给予学生自主权，很大程度上是希望他们在高中阶段就确立好职业规划。但小陈对未来职业并没有一个清晰的概念。妈妈也觉得，在高中阶段就做出选择实在太为难孩子了。"就说我自己，我在三十多岁的时候，都还不知道自己喜欢什么，适合什么工作呢。"

——《钱江晚报》，2016-10-19

　　像小陈这样的孩子并不在少数。新的高考改革让孩子根据职业理想确定考试科目，但是从上面的新闻看，父母与孩子都没有对此做好准备。

　　正因为孩子对职业没有深入的思考，没有明确的职业理想，在备考学习与考后志愿的选择上更容易人云亦云，失去自己的主张。直到历经时日之后，才明白当初随意的选择严重地影响到自己眼前的生活，却已追悔莫及。

　　所以，父母应该创造机会让孩子尽情表达自己的职业理想，帮助他结合现实来完善理想，坚定理想。

回顾与思考

　　1.您会为孩子参加成人礼准备什么样的衣服？

　　2.您会给孩子的成人礼准备一个什么特殊的礼物？

　　3.如何帮助孩子填志愿？

　　4.经过分析，您的孩子适合出国留学吗？

　　5.您会为孩子提供什么样的社会实践呢？

第 九 章

你问我答

9

1. 孩子成绩不好，爱发脾气，怎么办？

孩子高三了，成绩不是很好，每次一到考试，情绪就会变差，爸爸妈妈稍微说点儿什么不顺他的意了，他就会发脾气。这该怎么办呢？

要解决情绪的问题，首先需要找到导致情绪变化的因素。考试让孩子情绪变差，可以理解为考试让孩子产生消极情绪；反过来，也可以知道孩子对自己是有要求的，只有在乎考试的孩子，才会因为考试而烦恼。

因此，此种情况下，父母要解决的是这样几个问题：

第一，面对不理想的考试成绩，让孩子先学着接受自己暂时的不完美，再考虑如何改变自己，让自己趋向完美。遇到考试就担心，其实也说明孩子对自己有一定的要求，是具有上进心的表现。不妨与老师一起努力，合作解决孩子的心理焦虑。父母要适当调整对孩子考试成绩的预期，不要让孩子有过重的心理负担。毕竟，高三备考是长期的过程，成绩的提高也是长期的过程，在备考过程中不宜让孩子频繁地感受到压力。每次的考试要制订相对固定的目标——不明显低于平时的水平。同时，老师的介入可以让孩子感受到权威的意见，有助于孩子对自己的问题进行思考，目的也是减压。俗话说，"一口吃不成个胖子"，心理放松更有利于学习效率的提高。

第二，让孩子用行动来改变自己的不完美。虽然前期基础、个性偏好等会对孩子的学习成绩产生某些影响，但高中阶段的考试中有很多是比较基础的内容，除了个别情况，对于大部分孩子来说，并不是很难。150分的确少见，但是从60分上升到70分，80分上升到90分，并不是不可能的事情。要让孩子认识到凭借努力自己就能够实现一定程度的提高。

第三，帮孩子找到自身的问题所在。孩子之间成绩有较大差异的原因一是努力的程度不同，那么与其在考前考后焦虑烦躁，不如在平时勤奋努力。原因二是复习策略高下不同。很多孩子重学习时间、学习内容，轻学习效率、学习方法，往往顾此失彼，拆东墙补西墙，各科成绩此起彼伏，却很难获得整体的提高。原因三是自身能力的差异。对于自己能力实在达不到的方面，不必苛求；但是对自己能力可以达到的方面，就应努力全盘掌握。

第四，给予鼓励与关怀。如果孩子并非不勤奋，父母应该主动关怀，提供力所能及的帮助，让孩子在面对考试时能有所放松。减少"破窗效应"，增加"皮格马利翁效应"。只要孩子的成绩有提高，无论是否达到自己的预期，对孩子消极情绪的缓解都会起到一定的作用。

2. 孩子嫌父母唠叨怎么办?

孩子总是嫌父母说他说得多——玩会儿手机说，玩会儿电脑还要说，晚睡一会儿更是要一而再再而三地催。父母该怎么做才会让他觉得不唠叨呢？

有些爸爸妈妈对孩子过度关注，总喜欢对孩子的事情进行不必要的指点，让孩子不胜其烦。虽然父母也想改变自己，但是感觉很难做到。例如，有时候看见孩子懒散、拖延，总忍不住要说几句。建议父母尝试做这样几件事：

（1）在一张纸上，列出您认为孩子最需要改正的问题，并将您惯用的提示语言写下来。

（2）真诚地与孩子沟通，订立亲子协定，孩子努力改变不良习惯，父母努力减少唠叨。父母一方面要将孩子认为有效的提醒话语写下来，一方面也要把孩子希望自己使用的话语写下来，力求言简意赅。

（3）将以上孩子能接受且有效的，您也觉得更合适的提醒性的话语贴到墙上，作为对父母和孩子的监督与提醒。

硬性让自己不说话、不管孩子，估计父母不容易做到。爱之深，责之切是人之常情。但是话怎么说，怎样让听话的人不觉得难受，还是有方法的。父母希望孩子能体会到唠叨背后的爱意，孩子也希望父母能感受到被唠叨的痛苦。因此，从单向的唠叨和单向的反感变为双向的交流，让父母和孩子双方都有所改变，能真正达到加深彼此感情、促进双方成长的目的。

3. 孩子很努力，成绩怎么不见好？

孩子上了高三以后，非常努力，每天早上 6 点就起床，晚上有时候 12 点还没睡。尽管这样，他的成绩还是没有起色，这是因为他的学习方法不对吗？

正常情况下，因为高三复习的是高一、高二学习过的内容，如果学习上没有太过放松，大部分孩子的学习成绩会在原有水平上有所提升。但是之所以没有明显地表现出来，是因为孩子之间进步的程度不一致，容易表现出整体水平在提高，而个人在原地踏步，这是因为个人提高的程度没能超越整体。父母要清晰地了解孩子学习进步或退步的具体情况，不要一看到成绩就给孩子施压。如果班级整体水平在上升，那么水涨船高，不退步就是一种进步，是孩子自己与自己比较的进步。这个时候如果因为过高的要求让孩子感受到打击和失望，丧失继续前进的动力和激情就得不偿失了；而且很多时候父母看到的成绩仅仅是小范围中得出的数据，切忌因为孩子努力了没有明显的提高就否定其付出。

当然，也有一种情况值得父母关注。在整体水平提高的情况下，孩子的确非常努力却不能有所提升或者提升得非常慢的话，要思考的是孩子学习方法问题。学习要追求效率，而不是坐在书桌前时间的长短。有的孩子自由学习两个小时不如课堂上 40 分钟的收获多，说明学习时间利用得不充分、不科学。对这些孩子，父母应适当介入其学习，争取老师的帮助。一方面指导孩子制订切实有效的学习计划，而不是一味地延长学习的时间；一方面帮助孩子将学习时间单元化，在短暂的时间内达成明确、单一的目标。

最后，不管孩子的成绩有没有达到父母所期望的水平，父母都要看到他们努力的态度，切忌因为目标未能实现而否定他们的付出。

4. 孩子爱打扮怎么办？

我女儿就爱臭美，都高三了，还不忘天天打扮自己。我该不该说说她呢？

爱美是人之天性，但凡事过犹不及。18岁的女孩子爱打扮无可厚非，但是有几点情况请您关注后，再考虑要不要干预。

（1）女儿打扮自己是否影响了她的正常作息，干扰了正常生活，包括学习。如果没有，您应该感到高兴，因为这说明孩子对自己的事务能够妥善处理。化妆也是将来生活的一部分，她能做到诸事协调，这是自身本领的一种体现，无须多虑。而如果因为爱好打扮不得不压缩生活中其他方面的开支，尤其是时间消耗增加，父母就要适度干预了。高三学习紧张，日常服装、发饰得体即可，因为打扮而影响正常事务，这样的行为不会给她将来的发展带来有利影响。同时，要让孩子认识到，只有外在美是不够的，真正的美是用知识和修养、用努力和奋斗创造出的内在美。

（2）是否有打扮与年龄、身份不符的情况。爱美不可怕，可怕的是不知道什么是美。奇装异服、浓妆艳抹是一些女孩子在无知的情况下易犯的错误。同时，服装、发饰也表现心理情绪，容易成为她们变相反抗外界压力的一种手段。如果出现了与年龄、身份十分不符的装扮，父母要考虑孩子的心理情绪是否有问题，而不要简单地认为仅仅是外表装饰的问题。

（3）打扮自己是因为自己的意愿，还是受到他人的影响。同辈群体的影响对青春期的孩子来说始终是非常巨大的。如果孩子是受到他人影响才天天打扮，您不妨与她交流一下想法，了解一下她的价值观、审美观，帮助她度过观念的混乱期，真正帮她培养起独立人格。

（4）俗话说"女为悦己者容"，父母也要关注孩子是否存在异性交友方面的问题。但是切忌急躁、武断，切忌给孩子扣帽子、贴标签。父母要多方关注，与孩子的老师、同学、朋友巧妙沟通，既不给孩子造成不良影响，又了解到孩子是否有特殊情况存在。

父母要站得比孩子高，看得比孩子远；与他们沟通交流的时候又要能低下头，弯下腰；交流的语气要真诚，态度要恳切。如果能给孩子切实的指导，相信问题解决起来更容易。

5. 怎么让寄宿的孩子与父母关系亲密?

孩子住校,学校离家还挺远的,我们和他平均一个月才能见上一次,总感觉他和我们关系不是特别亲密,见了我们也不怎么说话。怎么做才能增进我们之间的感情呢?

不能经常见面,的确会影响到父母与孩子的心理距离。因此,我们要做的是让孩子感受到父母的关心和爱护,做到父母人不在孩子身边,可心在孩子身边。有几个小技巧可供参考。

(1)平常日子有"心"。孩子虽然不在身边,但是他喜欢什么活动,爱读什么书,爱看什么电影,关注哪类资讯,父母要多渠道了解。例如,跟孩子见面的时候,和孩子聊一聊他喜欢的电影明星,讨论一下他关注的领域,有助于让双方的交流更顺畅。

(2)特殊日子有"礼"。四时八节、生日聚会等特殊日子里,您的心意可以通过小礼物来传达。目前快递行业发达,距离不会成为心意传达的障碍。礼物的选择不重"价格"而重"价值",重父母蕴含在礼物中的"用心",要让自己送出的小礼物合乎孩子的心意。

(3)努力了解彼此的生活。交流不是单方面的,孩子也应该多多了解父母的生活。对孩子来说,家庭"大"事是他们十分愿意关注的话题。父母应慢慢习惯将家庭中的一些事务告诉孩子,切忌让他们产生人离家心也离家的感受。虽然并不是要求孩子帮助处理家庭事务,但是无意中将孩子"驱逐"出家庭信息中心必然会影响他与父母的关系。

（4）主动联系孩子的"圈子"。与老师、同学、其他孩子的父母多方面沟通，更全面地了解孩子的情况。

（5）借助多种通信手段来增进感情，书信、手机、网络都可以。条件允许的情况下，可以多使用书信。因为书信可以保存，可以随时翻看，而且手写的形式更能表达写信人的情感，比一通电话的影响长久得多。

6. 为什么越到高考，孩子越不想学习了？

快高考了，感觉孩子好像对他的学习放松了不少，没有以前那么用功了。这是正常的状态，还是孩子遇到什么事了？

这种情况容易发生在考前最后一个月。长期的高负荷让孩子精神紧张，学不进去，什么都不想做。有的孩子会无视这种状态，强迫自己学习，但效果不佳，而且容易导致考场上状态不稳定；也有的孩子干脆彻底放松，身心懈怠，导致进入考场后无法调整到正常状态，难以考出真实水平。

首先，父母要理解这种表现源于孩子考前高度紧张的情绪。毕竟准备的时间越长，越在意结果。父母看到孩子不想学习，不要发怒也不要催促，要首先表示理解，让孩子获得一定程度的放松。

其次，可在老师的帮助下，建议孩子适当减少每天学习的任务量，但是切忌完全丢弃。紧张是正常的，一定时间的放松也是可以的，但是"一鼓作气，再而衰，三而竭"，紧张的备考突然停下来，再鼓劲就有难度了。

再次，从高三下学期开始，父母就可尝试安排放松训练。因为心理调适很难短期见效，利用下学期的模拟考试进行多次演练，高考之前才会有比较好的效果。放松训练以作息、运动、娱乐与学习计划的结合为主，要保证孩子的身体和心理保持在平稳的状态。

7. 高考前几天，怎么保证孩子稳定的学习状态？

再过几天就要高考了，我们既不想让他太累，以免耗费精力，又不想让他过于放松，以免高考的时候不在状态。作为父母，我们该做点什么呢？

高考前几天，很多孩子是在家里度过的，父母未必都能陪同，要让孩子有稳定的状态，就要让他有事可做，但一不要太忙，二不要太乱。

建议作息时间与考试当天同步。例如，9:00 开始考语文，那么在考前几天，9:00—11:30 之间，认真复习语文或相应科目就可以了。考试时间之外的其他时间可适当处理。尽量保证在考试时间之内能坐得住，不要随意走动、喝水、上卫生间。晚上，父母可以设计一些家庭游戏，或者承担陪练的角色，配合孩子复习一下识记类的知识，但不求面面俱到。考前几天不宜钻难题怪题，重要的是简要梳理相关知识点，复习试卷。当然，父母还可以从生活上为孩子的学习提供保障，除作息规律外，用餐的规律和卫生也很重要。

8. 孩子高考第一场就考砸了，怎么办？

今天是高考第一天，刚考完语文，我看到孩子一脸沮丧地走过来，对我说他没有考好，作文都没有写完。我该怎么办呢？

（1）及时疏导开解。父母要保持稳定的心态，孩子在沮丧的时候特别需要来自亲人的宽慰。听到孩子说起考试的感觉，父母一定要用积极乐观的心态和言语来安慰、鼓励他，不要流露出惋惜、无奈、悔恨等情绪。

（2）借力。在适当的时候借助权威力量，或者是老师，或者是孩子信服的往届考生，或者是亲戚朋友中孩子信赖的对象，让他们帮助解开孩子的心结。有时候同样的话，父母讲的效果不如其他人。

（3）转移注意力。考试没有完全结束，还有拼搏的机会，不可泄气。为孩子准备下一学科的内容，陪伴孩子度过两场考试之间的过渡期。

9. 孩子哪方面都不突出，怎么填高考志愿？

孩子不偏科，但也没有特别突出的科目，每门课的成绩都差不多。都说报志愿要考虑孩子的优势学科，扬长避短，我们应该怎么帮他填报志愿呢？

从学校方面考虑，填报志愿的最佳目标是，在所填报的学校中，无论孩子最终上了哪一所，父母和孩子都不后悔。满足了这个前提，再去选择专业。

孩子各学科发展均衡，一方面说明他的优势不够突出，与某方面更优秀的学生比，在那方面的确不占优势，但是，切忌因为觉得他"不够好"就轻言放弃。事实上，"不够好"与"很好"之间的距离也没有想象中那么难以逾越；而从另一方面看，这也说明孩子发展均衡，未来可选择的方向多，每个方面都有潜力可挖。因此，在专业选择上，建议优先考虑孩子的兴趣爱好，在兴趣的指导下来选择专业。

兴趣是最好的老师，即使目前看起来孩子成绩不够突出，但那是在要求全科发展情况下的表现。例如高考要考多个科目，孩子不能把全部时间都放在他感兴趣的某一学科上，因为只有不偏科才能取得最好的高考成绩。当各方面都需要兼顾的时候，孩子没有落后，不正说明他的潜能无限吗？因此上了大学确定专业之后，学习的面窄了，深度增加了，孩子有更多的时间专攻某一方向，他的学习与中学阶段比很可能会有大幅度的提升，现实生活中这样的例子并不少见。

10. 高考志愿，优先选专业还是优先选学校？

孩子要报志愿了，他非常喜欢机械工程专业，也非常喜欢某个大学，但是那个大学这个专业并不是优势专业，而机械工程专业比较好的学校孩子又不太喜欢。到底是该优先考虑学校还是优先考虑专业呢？

现在一个流行的说法是专业优先，因为大学漫长的学习让孩子的知识体系逐渐建构起来，对他将来的发展会起到奠基的作用，思维模式也会受到一定的影响，而且在找工作的时候更被认可。如果孩子想毕业就工作，这样的考虑是非常实际和有用的。

但是，我们也要看到，现代社会是终身学习的社会，知识更新速度非常快，仅仅是大学阶段所学到的知识并不能满足实际工作的需要。

大学除了专业知识的传授，对学生的素质和能力培养也很重视。如果您的孩子并没有一毕业就工作的想法，学校优先可能更适合他。而且一些大学更看重学生的综合能力，取消了大学一年级的专业设置，而让学生广泛涉猎之后再行选择。跨专业深造对孩子来说利大于弊。另外，现实中不乏职业专业不对口的情况，即使没能选择喜欢的专业也未必影响孩子的就业。

如果孩子的知识能力、兴趣爱好非常明确，选择学校、专业就相对容易。同时，建议您和孩子选择学校时不妨考虑一下地理环境、人文氛围、饮食交通这些因素，避免出现个人身体或心理不适应的情况。

11. 怎样与孩子一起直面高考失利?

孩子一直把高考看得很重, 认为是他人生的一个重要节点, 但是今年的高考考得不是很好, 他非常失望, 整天情绪也不太好, 不怎么说话。作为父母, 我们该怎么帮助他呢?

对于很多家庭来说, 高考结果让他们难以接受。每个人都希望一分耕耘一分收获, 当自己的付出没能收获理想的回报时, 每个人都会纠结, 而这时, 父母要做的是两件事: 一是陪伴, 二是指引。

不管孩子面临的是哪一种情况的"高考失利", 沮丧、失望、烦闷、羞耻、痛苦……这些情绪的存在让他不能及时发现自己最应该做的事情——重新振作, 重新选择, 重新开始。过去的已经过去, 无论胜利还是失败, 都已经"翻篇"了。成长本来就不是一帆风顺的事, 对于孩子痛苦的体验, 父母只能做到理解——事实上未必能了解, 更不用说代替他们去感受。而这种种感受也是孩子成长所需要的。因此, 父母要做倾听者、陪伴者、一个随时可以毫不犹豫地提供支持的后勤服务人员。

但同时, 父母也不能放任孩子一直沉浸于消极情绪中无法自拔。重新振作的最好办法是帮助孩子确定新的方向和目标。世界上的路有千万条, 条条大路通罗马。只要尽己所能, 只要勤奋努力, 只要无怨无悔, 哪一条路都是最适合的路。孩子应该明白: 高考不是人生的全部, 即便没有考上大学, 前途仍旧可以光明无限, 重要的是尽全力做了些什么。

主要参考文献

1. 李镇西. 青春期悄悄话——致青少年的 101 封信［M］. 成都：四川美术出版社，2006.

2. 朱永新. 新教育［M］. 桂林：漓江出版社，2014.

3. 袁卫星. 爸爸在这里——女儿，请允许我用这种方式陪伴你［M］. 太原：山西教育出版社，2014.

4. 李镇西. 做最好的家长——李镇西老师教养女儿手记［M］. 桂林：漓江出版社，2015.

5. 李嘉钢，李朕飞. 等你在北大［M］. 海口：南海出版公司，2015.

6. 李嘉钢，李朕飞. 等你在清华［M］. 海口：南海出版公司，2015.

7. 刘称莲. 陪孩子走过高中三年［M］. 北京：北京联合出版公司，2017.

8. 萨提亚. 新家庭如何塑造人［M］. 易春丽，叶冬梅，等，译. 北京：世界图书出版公司，2006.

9. 崔利斯. 朗读手册——大声为孩子读书吧［M］. 沙永玲，麦奇美，麦倩宜，译. 天津：天津教育出版社，2006.

10. 德韦克. 看见成长的自己［M］. 杨百彦，乔慧存，杨馨，译. 北京：中信出版社，2011.

11. 费尔德曼. 发展心理学——人的毕生发展［M］. 苏彦捷，邹丹，等，译. 北京：世界图书出版公司，2013.

12. 逯改. 家校合作教育的价值理念［J］. 福建论坛（社科教育版），2007（12）.

13. 赵福江. 中小学家校合作的现状及其对策［J］. 教育理论与实践，2008（6）.

14. 潘绮敏，张卫，温菲. 青少年心目中的理想父母形象研究［J］. 心理发展与教育，2014（3）.

15. 徐绍航. 高中生人际交往中最看重的品质［J］. 教育教学论坛，2014（52）.

16. 张婷丹，喻承甫，许倩，等. 亲子关系与青少年网络游戏成瘾：自尊的中介作用［J］. 教育测量与评价（理论版），2015（2）.

17. 陈晓，孙凌. 独处不等于人际交往能力不足：基于潜在剖面分析［J］. 心理技术与应用，2016（12）.

18. 董艳，王飞. 家校合作的微信支持模式及家长认同度研究［J］. 中国电化教育，2017（2）.

后 记

　　《这样爱你刚刚好》是自孕期开始至大学阶段一套完整的新父母教材，全套共20册，0—20岁每个年龄段一本。之所以如此设计，是基于向不同年龄孩子的父母提供精准专业服务的需要。与常见的家庭教育图书相比，它不是某一位作者的个人体会和心得，而是40余位国内家庭教育专家集体研究和讨论的结晶，具备完整、科学的体系，代表了我国家庭教育发展的主流。

　　全国政协副秘书长、民进中央副主席、中国教育学会家庭教育专业委员会理事长、新教育实验的发起人朱永新教授，最先提出了编写如此庞大规模的新父母教材的设想，并且担任了第一主编。我和新家庭教育研究院副院长蓝玫一起，与中国青少年研究中心家庭教育研究所所长、《少年儿童研究》杂志主编刘秀英编审，中国青少年研究中心少年儿童研究所所长孙宏艳研究员和上海师范大学学前教育系主任、博士生导师李燕教授三位分主编，讨论并确立了本套教材的编写框架。

　　在中国的家庭教育领域，已经有多种多样的教材或读本，但水平参差不齐，而决定质量的关键因素是编写思想与专业水准。因此，新家庭教育研究院联合中国青少年研究中心和上海师范大学一起组建高水平的专业团队，来完成这一重大而具有创新意义的任务。具体分工如下：由上海师范大学学前教育系承担孕期及学前教育阶段的编写任务，由中国青少年研究中心家庭教育研究所承担小学教育阶段的编写任务，由中国青少年研究中心少年儿童研究所承担中学教育及大学阶段的编写任务。

中学阶段的作者是：七年级，中国青少年研究中心少年儿童研究所副研究员赵霞；八年级，中国青少年研究中心原特约科研人员、北京师范大学在读博士王丽霞；九年级和高一年级，中国青少年研究中心少年儿童研究所所长、研究员孙宏艳；高二年级，中国青少年研究中心少年儿童研究所副编审张旭东；高三年级，中国人民大学附属中学教师杨卓姝。

我与刘秀英、孙宏艳和李燕三位分主编担任了审读与修改任务，在我突患眼疾的情况下，蓝玫副主编、首都师范大学副教授李文道博士承担了部分书稿的审读任务。第一主编朱永新教授亲自审读了每一册书稿，并提出了细致的意见，承担了终审的责任。

湖南教育出版社在黄步高社长的坚强领导下，不仅以强大的编辑团队完成了出版任务，而且创办了一年一度的家庭教育文化节，为推进我国家庭教育发展提供了强大的学术支持，展现了优秀出版社的远见、气魄和水准。

作为一个从事教育事业45年的研究者，我撰写和主编过许多著作，却很少有过编写新父母教材这样细致而艰巨的体验：从研讨到方案，从创意到框架，从思想到案例，从目录到样章，等等。尽管如此，这套教材还存在很多不足。同时我也深知，一套教材的使命，编写与出版其实只是完成了一半，另一半要依靠读者完成。或者说，只有当读者认可并且在实践中发展和创新了，才是一套教材的真正成功，也是对作者和编者的最高奖赏。

我们诚恳希望广泛听取读者和专家学者的批评指正，我们对您深怀敬意和期待！

孙云晓

2017年9月

图书在版编目（CIP）数据

这样爱你刚刚好，我的高三孩子 / 朱永新，孙云晓，孙宏艳主编. —长沙：湖南教育出版社，2017.11（2021.6 重印）

ISBN 978-7-5539-5743-2

Ⅰ.①这… Ⅱ.①朱… ②孙… ③孙… Ⅲ.①高中生—家庭教育 Ⅳ.①G782

中国版本图书馆CIP数据核字（2017）第214051号

ZHEYANG AI NI GANGGANGHAO,
WO DE GAOSAN HAIZI

书　　名　这样爱你刚刚好，我的高三孩子
出 版 人　黄步高
责任编辑　李章书　冯宏涛
封面设计　天行健设计
责任校对　丁泽良　鲍艳玲
出　　版　湖南教育出版社（长沙市韶山北路443号）
网　　址　www.bakclass.com
电子邮箱　hnjycbs@sina.com
微信服务号　极客爸妈
客　　服　电话 0731-85486979
发　　行　湖南省新华书店
印　　刷　长沙超峰印刷有限公司
开　　本　787×1092　16开
印　　张　12.25
字　　数　100 000
版　　次　2017年11月第1版　2021年6月第4次印刷
书　　号　ISBN 978-7-5539-5743-2
定　　价　48.00元